積極的公正中立主義の時代

メディアリテラシーとデモクラシー

渡辺武達
WATANABE Takesato

論創社

メディアリテラシーとデモクラシー——積極的公正中立主義の時代　目次

第Ⅱ部　情報デモクラシー

第四章　知ることと知らせること、その権利と義務

第五章　メディアの倫理

第六章　コミュニケーションの新世界

メディアリテラシーとデモクラシー——積極的公正中立主義の時代

序にかえて――プレスの自由と民主社会の建設／「積極的公正中立主義」の立場から

一九八三年春、筆者は参議院議員の山田耕三郎氏（故・元大津市長）と二人で、西インド洋の小国、セイシェル共和国（当時の人口は六万七千人で、国土は一一五の島嶼を合わせて日本の種子島ほど）の大統領アルバート・ルネ氏と首都ビクトリアの官邸で会談し、米ソ支配の硬直状態を弱者の立場からどのように変えていけるかを話し合っていた。当時、この国には日本の大使館はなく、年に数回在ナイロビ（ケニヤ）の大使館員が出張してくるだけであった。さらには、世界で三番目に小さい国でありながら、米ソ両超大国に迎合せず、「積極的中立」を唱え、地政学的な要衝にあることを活用しながら堂々たる独立世界外交を実践していたことに感心させられた。

筆者がそこで感じたのは人間の社会認識過程におけるメディアの役割もそのようなものであるべきだし、現実にメディアとプレスの力をそのようにとらえるのが適切ではないかということであった。帰国後、このセイシェルについては『セイシェル・ガイド―インド洋に浮かぶ地上最後の楽園』（恒文社、一九八三年）を書き、社会とメディアのあり方についてはその後、『市民社会

のパラダイム　情報変革のために』（市民文化社、一九八七年）を上梓した。

本書の副題に使っている「積極的公正中立主義」はセイシェル訪問以来、メディア活動のあり方とプレスの自由についてこの三〇年、筆者が考え、実践してきたメディア活動のあり方を基本に、前著『メディアへの希望―積極的公正中立主義からの提言』（論創社、二〇一二年）の続刊としてまとめたものである。

1　プレスの自由と自律

人間の社会観（世界観・倫理観・歴史観）は主として、①個人の家庭環境（直接経験）、②学校教育（知的学習経験）、③メディア接触（社会学習経験）によって形成される。大人になってからは③のメディアによる影響が大きい。なかでも、社会参加という点での③の影響には甚大なものがある。それだけがほぼ成人してから個人の意思で選ぶことができる要素の大きな情報アクセスメディアだからである。

その際、情報発信者にいちばん大切な要件は広い意味での言論・情報の自由の保障だが、その研究にはプレスとの関係だけでも実に多様なアプローチが可能である。法学や政治学の分野では理論と判例、各種調査をベースにした精緻な研究や解析が進んでいるが、それらの研究はたとえば法学の場合、国家や裁判所が憲法概念を基にして、どのような法の解釈と適用をしているのかという視点からのもの、あるいはそれらの実行行為について正否の解釈を与えるだけのものが多い。そのことは関係分野の論文集を見れば一目瞭然で、そこでは、国家はどのような言論に正当性・正統性を与え、言論の自由として保護しているのかという研究が主流になっていることがわかる。

だが、メディアと社会という立場からはそれだけではいささか困ることになる。なぜなら、意見をもった個人あるいはそうした個人の集団と、国家とその周囲の利権集団との間に必然的に存在する表現の自由をめぐる葛藤と対立が、国家の考え方を「公正」な基準として分析されることになり、執権者の無謬性を前提としてしまうことになりやすい。また、そうした議論の仕方では論じている個人も唯一の正統性を主張する国家から表現の自由枠を与えられているにすぎないという自覚がしにくくなるからである。ドイツの歴史哲学者ヘーゲルは「世界史とは自由の概念の発展にほかならない」と喝破（ヘーゲル著、長谷川宏訳『歴史哲学講義』岩波文庫、下巻、一九九四年、原著は死後の一八三二年）したが、本書でも「言論」の自由概念が「言論・表現・情報」の自由として社会的に進化してきた事実を踏まえ、グローバル化時代のプレスとメディア、そして言論・表現・情報の自由のあり方を固定した現実の国家権力から離れたものとして考えておきたい。

その態度が「プレスの自由」の根本になければ、自由は権力を持つ者の許す範囲でしか存在できなくなるし、国家枠思考に疑問をもつこともできない。

2 「脱」プレスの自由の四理論

長い間、欧米発の論文の多くは、シーバートらの提起した言論・表現・情報の自由に関する四つの型、①権威主義理論②自由主義理論（これは「自由解放主義理論」と訳すべきであった：筆者）③社会的責任理論④ソビエト共産主義理論の論評や批判あるいはその改良もしくは精緻化に努力しながら、そこから抜け出ることはあまりなかった（参照：シーバート他、1959［56］『マス・コミの自由に関する四理論』東京創元社、一九五三年）。この論は当時のアメリカのメディア研究をリードしていたF・S・シーバート、T・A・ピータソン、W・シュラムの共著本で展開されたものだが、英語世界から世界のメディアを考えると同時に、西欧文明礼賛傾向を強くもっていた。それに対して、非欧米国家のメディアについて広く目配りせず、深い理解がないままでメディアを一般化する傾向はいかがなものかと異議を申し立てたのが、ジェームズ・カラン（ロンドン大学）と朴明珍（ソウル大学）共編の『メディア理論の脱西欧化』（二〇〇〇年、邦訳は杉山光信他訳、勁草書房、二〇〇三年）である。

ところがこの日本語版では、原著収録の全二二本のうち、一二本が収録されていない。カランらの狙いはグローバル化するメディアシステムを①民主的②規制的③権威主義的④ネオリベラル的の四つに向かう傾向として分類できると主張したが、それを立証するための具体例としてのアジア・アフリカ・アラブといった地域からの報告が和訳では少なくなり、編者の意図がほとんど理解できなくなってしまった。さらには原題が *De-Westernizing Media Studies* なのに、『メディア理論の脱西欧化』とされ、media studies が「メディア研究」もしくは「メディア学」とならず、「……理論」とされてしまったことも残念である。

そのことはシーバートらの本にもいえ、その原題は *FOUR THEORIES OF THE PRESS*（『プレスの四理論』）であり、「マス・コミの自由の四理論」ではない。こうした訳し方が誤解の幅を大きくしているのは、「總司令部民間情報教育局飜譯權提供」によって、日本新聞協会が発行した、米國プレスの自由委員會著『新聞の自由と責任』にもいえる。この原著者と原題は The Commission on Freedom of the Press. (1947) *A Free and Responsible Press, A General Report on Mass Communication: Newspapers, Radio, Motion Pictures, Magazines, and Books*（シカゴ大学出版部、一九四七年）で、それは新聞だけではなく、マスメディア一般の現状を調査し、報道（プレス）のあり方を問う実践理論と提言なのである。また著者名としても「プレスの自由調査委員会」のほうが、言語的にも実際の内容としても、より適切である。

二〇〇三年度から五年時限で活動した同志社大学メディア・コミュニケーション研究センターでは、世界のメディア関連事象を視野に入れ、上記「プレスの自由調査委員会」報告書『自由で責任あるメディア』を筆者の改訳で論創社から刊行した（二〇〇八年）。センターではそれと同時並行の作業として、民主社会維持における大切な権能である、言論・表現・情報の自由と報道機関の問題を対象とし、その基本になる法律規定として世界中の国家（二〇〇以上）の憲法を資料として収集し、分析した。グローバル化した現代社会では国家は地球社会の「地域自治体」としての側面と機能を持っているにすぎず、ますますその度合いを高くしている。米国型組織をイメージすれば、現在の世界は全体としてのゆるやかな連邦を形成する方向にあるし、それはヨーロッパでのＥＵ（欧州連合）やアジアでのＡＳＥＡＮ（東南アジア諸国連合）、アフリカでのアフリカ連合（AU：African Union）などとして二段階的に現実化しつつある。

そうした視点から私たちは現代諸国家における憲法条項の特徴としても実態としても、言論・表現・情報の自由は以下の四類型にまとめることができると考えた。さらにはそれら四類型の問題点がすでに明白になっている以上、これからのグローバル化時代の世界融和とメディアの役割という点を鑑みれば、そこから何が次のステップとして見えてくるのか……という立場から、今後のあるべき言論の自由概念の第五類型として、「メディアの積極的公正中立主義」を改めて提起することになった。

3　プレスの自由の現行四類型と新たな第五類型の提言

①　思想の自由市場型

米国や日本、独仏といった先進資本主義諸国で主として信奉され、自由競争によってベストなものが選択されていくという言論観である。だが、これら諸国のメディアの実態は、経済的強者が政治権力と連動し、メディア自身の大規模化もあり、弱者の発言の機会を抑圧する傾向が顕著である。また国益や政権維持にかかわるさまざまな理由から憲法条項の形骸化が進行している。そのことは、憲法修正第一条をもつ米国で、九・一一同時テロ事件以降に愛国者法などを成立させたこと、英国の防衛情報保護法、最近の日本における特定秘密保護法（二〇一三年一二月成立）などに象徴的である。

②　国家統制型

中国などの社会主義諸国やロシアのような強権国家に特徴的で、憲法での個人の言論・表現の自由を認める条項の後で、「祖国の安全や名誉、もしくは利益の擁護」や「国家機密の擁護」をうたい、言論・表現・情報の自由はまず国家の安定と利益を守ってから認められる権利であるとの位置づけをしている状態のことである。北朝鮮はその極端な例であるが、これは第一類型の現在の日米にも通奏低音として共通する。とくに中国では四つの基本原則、「共産党の指導、マルクス・レーニン主義・毛沢東思想、人民民主独裁、社会主義の道」を現行憲法の序文に記しており、これとプレスの解放的自由論との整合は至難の技である。

③ 社会発展優先型

発展途上国が先進国モデルについての急速な国民教育を実行するため、あるいはシンガポールのように、強権的政府がその政策実施のために国民とプレスの「言論・表現の自由」を制限し、メディアを露骨に国策利用しようとするもの。ここではメディアは国家発展の道具、制度としての教育の補完あるいは社会教育の道具とされ、国家の産業政策や政治広報機関と位置づけされる。アジア・アフリカ・ラテンアメリカ地域の発展途上国、ソマリア・モロッコといったイスラム圏の新興独立国家の多くでは、憲法での言論・表現の自由規定があるものの、現実には第二の国家統制型の性格を色濃くもち、マイケル・シャドソンなどのいう、メディアを社会制度の一つとしての「統治のための第四分権組織（the fourth branch of government)」として位置づけている。

④ 宗教・文化優先型

サウジアラビア王国やレバノンのような、イスラムの教典コーランが事実上の憲法として運用されている国家のメディアに特徴的である。世界のいずれの大宗教も信者の割合が多い地域あるいはその本部が位置する地域では宗教が国家や民族の主流権力と一体化しており、そうした宗教が民衆の暮らしの文化的原理となり、その影響範囲は政治的国家をはるかに超えていることとさえある。こうした地域ではメディアはまず宗教的教えを守るという枠組みの中で活動すべきであると国家憲法でも規定され、その文化的桎梏はイスラム圏において最も強固だが、広い意味での文化的枠組みは法律の解釈等において、程度の差こそあれ世界のどの国家においても見られる。たとえば、米国における大統領就任宣誓が聖書に手を置いてなされ、大統領の重要演説もそのように構成されることもその具体例である。

⑤ プレスの自由解放論としての「積極的公正中立主義」

現在見られる上記の1～4のプレスの自由についての考え方の限界を踏まえ、筆者（渡辺武達）はグローバル化の進行する現代社会のプレスのあり方について、言論・表現・情報に関する自由論として、「積極的公正中立主義としてのプレスの解放的自由論」を展開してきている。その基本思想はメディアが「有意の市民主権を尊重した情報提供活動を実践し、そのためのコミュニケーションツールとなる」という条件を保障する、そこでのメディアは市民の覚醒と社会的リアリティの認識に貢献し、市民主権社会の建設には「信頼できる情報を与えられた市民が熟慮して運営する社会、大きな組織では代議制を採用せざるを得ない」ので、そのために自分たちの社会の動向を正確に認識し、信頼できる自分たちの代表者／代議員を選択するための情報と資料をメディアが提供しなければならない。換言すれば、メディアとジャーナリストは「社会病理の医者である」という立場からの情報提供をおこない、そうしたメディアを育てることが民主制の維持に必要だと政府および国民に安心して思わせる活動をするメディア・情報環境が不可欠だということである。その背景には現在の国家はグローバルな視点からは「世界の地方自治体」のようになる、という前述した自然な流れとメディアはそれを後押しすべきだという自律的市民による市民主権の思想がある。

本書に収録した文章はすべてこの「積極的公正中立主義」の考え方にしたがったメディア論であり、取材・報道の実践については第Ⅲ部「報道における〈積極的公正中立主義〉の基本枠」で説明している。

*詳しくは以下を参考にされたい。「取材・報道原理としての〈積極的公正中立主義〉」『同志社メディア・コミュニケーション研究』第三号所収、二〇〇六年三月。

第Ⅰ部　メディアリテラシー

第一章　メディアリテラシーと情報の理解

1　異常で愚劣な「STAP細胞」報道

英国で発行されている科学分野における最高ランクの発表媒体である『ネイチャー』二〇一四年一月三〇日発行電子版が小保方晴子理研（理化学研究所）ユニットリーダーを主著者とするSTAP細胞の制作成功について報じて以来、関係者の天国から地獄へのストーリー展開で、日本のメディアは盛り上がっている。専門の万能細胞研究者ではない筆者にその科学的真偽は判断できない。しかしその「成果」または「欺瞞」についての議論の多くがあまりにもいい加減であることに、理研本体の責任者や共著者の「責任逃れ」糾弾、メディア報道の批判だけではすまないものがある。

STAP細胞は「刺激惹起性多能性獲得」（Stimulus-Triggered Acquisition of Pluripotency）をした「細胞（Cells）」のことで、二〇一二年度ノーベル生理学・医学賞を授与された山中伸弥氏らのグループが開発した人工多能性幹細胞（iPS細胞）よりもはるかに簡単なやり方で、理研若手研究者が中心となり、同能力をもった細胞を「作った」という驚愕の発表であった。

なぜそれがメディアの大騒ぎになるほどの業績になるかといえば、これまで治せなかった病気の多くを、車が故障部品取り替えで走れるようになるのと同じ要領で完治させることができるし、その技術を独占できれば、患者にとっては命が救われ、その製造者は莫大な金を手にすることができるからである。

今度のＳＴＡＰ細胞作成研究は小保方氏が留学していた米ハーバード大学医学部での研鑽が基礎になっていると本人もいっている。筆者は二〇〇一年に同大学ライシャワー日本研究所で表現の自由とジャーナリズム分野の研究員をしていた。その折、別キャンパスの医学部での勉強会にもたびたび参加した。びっくりしたのはこの分野の研究費がきわめて潤沢であったこと、ミーティングもワイン飲み放題で豪勢、大学近くのチャールズ川の畔には万能細胞研究支援をする民間研究所がそびえていた。

成果は確実に金のなる木だと受け止められ、その開発成功者には名誉も同時についてくる。そのため、真性かエセかを問わず、研究者の多くはその両方を、私企業は後者を目指し奮闘し、科学による人類社会への貢献面は忘れられがちであった。

メディアは戦争報道と同じように、議論が「活劇」化するほど、オーディエンス（読者・視聴者）が喜び、結果として業績（視聴率と販売部数）が伸びる。その証拠に一月三〇日の

『ネイチャー』での発表以来、フィギュアスケートやジャンプが中心話題となった二月中旬のソチ冬季五輪報道を除けば、このSTAP論議が最大のトピックで、それよりもはるかに重要な日本国憲法の解釈変更とグローバル化世界における安全論に関わる集団的自衛権論議は人びとの関心から遠のきがちである。

たしかに、一九九〇〜九一年のイラクによるクウェート侵攻時、日本人の多くは両国の名前を聞いたことはあってもその位置まで正確には知らなかった。それが連日の報道で、私たちの多くが中東での紛争が石油の値段に跳ね返り、自分の日常生活に関係していることを知った。そうした知識の拡大はとてもいいことだが、戦争を防ぐにはどうしたらよいのかという議論にはならなかった。

二〇一一年三月の東日本大震災で同時発生した原発事故でも同じことが起きた。各テレビ局が自称「原子力問題専門家」を動員して大騒ぎしたが結局、だれも原子炉で何が起きているかを正確に伝えられず、予測もできず、「想定外」という言葉だけが残った。そして三年、今なお、一五万人以上が放射能の危険により、自宅に戻れず、不本意な生活を余儀なくされているし、お年寄りなど弱者の原発関連死も多いと自治体の発表にある。

それではSTAP細胞「問題」はどうしたらいいのか。仮説を立てるのは比較的簡単であるが、もしその研究が小保方氏のいうように二〇〇回も「実験として成功」したものであれば、理研と文部科学省が総力戦態勢をとり、氏が自ら「成功」したやり方をその追試検証者たちに教えれば、半年もたたずに真偽が判明する。これだけ有名になれば、世界中で知財（知的財産）特許が他で承認されることにもならないから「もったいぶる」こともない。

理研の担当者はその事実経過を冷静に外部報告し、メディアも淡々と報道すればよい。今のように、理研と小保方氏もしくは論文の共著者たちが個別に記者会見し、そこに三〇〇人もの記者が集まり、テレビが実況中継し、その信憑性を街中でインタビューする。そして「小保方さんは美人だから、その発表を信じる！」と男性に言わせ、スタジオで笑いものにするといった報道の仕方は愚劣かつ異常である。

（二〇一四年四月二三日掲載）

2　猪瀬直樹氏「だけ」を罰したメディア

一二月一八日午前（二〇一三年）、東京都知事（当時）猪瀬直樹氏が、都議会議長に辞職願を提出した。都から補助を受けている医療法人徳洲会（徳田虎雄理事長、当時）が法人の正式機関を通さずに「秘密捻出」した現金五〇〇〇万円を、前年一二月の都知事選直前に同氏の次男・毅衆議院議員（後に議員辞職）から議員会館事務所で直接、「私的借り入れ」として受け取っていた一連の事件の結末である。

この不可解な金のことがメディア報道されたのが一月前の二二日で、毅氏の選挙活動違反が司直によって摘発され、家宅捜査で猪瀬氏が返金した現金が出て来たのが発端である。四三〇万票という個人では日本の選挙史上最大の得票をし、九月には前石原慎太郎都政以来の悲願であった二〇二〇年夏季五輪の東京開催がIOC理事会で決まったばかりの絶頂から、今度は選挙費用の虚偽報告を含め、都議会での虚偽答弁疑惑という汚名を着せられ、最後は「徳田理事長に猪瀬氏を紹介して金を受け取らせる繋ぎ」役、政治面での後見人石原氏の「聖断」による辞職勧告で、まさに天国から地獄への転落ドラマとなった。

公人である都知事が民衆にとっては家に置くことなど考えられない額の現金を正式な借用証も金利もなく、都庁管轄権限下にある医療法人の幹部から説明のつかない形で受けとっていいはずがない。しかし猪瀬批判がここまでエスカレートし、これに国民が固唾を呑んで注目した背景には先のTBSドラマ『半沢直樹』（TBS日曜劇場で、一三年七月から全一〇回で放映）の人気に見られるように、悪事をはたらいて権力を得る者への反感と制裁が国民の支持するところになっている民衆感情の各政党とメディアによる利用も同時に作用している。

第一、メディアが市民の社会感覚を醸成するのは自然だから、メディア論的にはそれを見越した政治活動がなされるのも致し方ない。つまり、テレビの視聴者や新聞の読者の圧倒的多数は猪瀬氏との直接的接触がない。しかしメディアを通して、金銭のやり取りとその経過説明における氏の迷走ぶりから誰もが「こいつは怪しい」と思い、ドラマとして楽しむ。また当の猪瀬氏も辞任の弁として「自分は政治家としての金の扱いにアマチュアであったと反省している……」などと、わけのわからないことをいうから、ますます市民は政治家の金銭面での暗部に想像をめぐらし、その代表としての猪瀬叩きに加担したくなる。

第二は憂慮すべきことだが、これほどまでに猪瀬事件がかくも劇的なかたちで、メディアとりわけテレビのワイドショーや夕刻のニュースショーの格好の話題となったのはいいが、その一方で、日本の将来についてのより大きな国会論議への人びとの関心が結果として逸らされたのではないかということがある。

猪瀬氏関連問題に目を奪われている間に、今後の日本の外交・安全保障政策を協議する「国家安全保障会議（日本版NSC）」創設関連法が一一月二七日に成立、同時期に特定秘密保護法案の衆院通過、つづいて一二月六日には参院でもそれが可決され、その後も国会で法案の細部規定についての激論がなされているのに、その内容的賛否は別にして、その議論自体への国民の理解の深化が確実に妨げられたわけである。

もちろん、東京都知事といえば、世界的にも日本の顔の一人だし、国内的にもそこらあたりの大臣よりも大きな予算を扱い、部下も多いから、必然的にその政治力も大きくなる。だから、自民党だけではなく、各野党も猪瀬辞任の日から後継候補選びに動きだした。とくに国会での特定秘密保護法案強行採決で支持率を一〇ポイント近く落とした自民は「勝てる候補」（安倍晋三首相のことば）の擁立のため、毎週、世論調査を実施し、民意を探り、正月明けには候補者を決めるという。その候補がスポーツを理解し、国際外交にも明るく、クリーンなイメージの人物になることはメディア学上の常識である。

政治家の不祥事は日本に限ったことでもないし、その規模にもいろいろある。お隣りの中国では共産党中央の方針によってねらわれた有力政治家が汚職容疑でしばしば追放される。昨一二年には元重慶市トップの薄熙来党書記が汚職などの疑いで逮捕され、逮捕銃殺された朝鮮民主主義人民共和国（以下、北朝鮮）の張成沢国防副委員長と同じく法廷から直接連れ出されるところがテレビ放映された。今も江沢民前総書記に近い周永康元政治局常務委員が党の汚職官僚の摘発キャンペーンとして、にわかに信じがたい一兆円もの収賄容疑で告発されている。

私たちが公人に求めるのは政治的・経済的清廉と公益のために粉骨砕身し、国際社会に発言していく知性と倫理に根ざした実行力である。メディアにも心して社会全体の公益性バランスに配慮した報道をしてもらいたいと思う。

（二〇一三年一二月二五日掲載、原題は「権力者への制裁を支持する庶民感情」）

＊追記：なぜ石原慎太郎氏が猪瀬氏にそれほどの力を持っていたのか、両者と医療法人徳洲会

との関係とその枠組については石原の書いた「あれをした男」『文藝春秋』昭和三四（一九五九）年八月号、に思想的ヒントがある。「その男」は天皇（当時は皇太子）と美智子さんの結婚式の馬車パレードに要した二億円以上の金は国民の福祉に使うべきであったと考え、天皇制反対を伝えようと馬車に投石し逮捕され（一九五九年四月一〇日）、警察からは「精神分裂」とされた一九歳の浪人生で、その男が事件直後に、当時天皇制批判をしていた石原の長野での講演先に訪ねてきたことが書かれている。

当時一三歳の猪瀬は後に信州大学の学生自治会委員長（白ヘル全共闘）となり、「天皇制などは関心外だが、天皇が国家の象徴などというのはいずれたわごとになる」と書いた石原とその投石者との共通思想をもつことになった。以後、曲折を経て、先に都知事になった石原が猪瀬を後継指名し、自らがトップを務める都が認可や補助を与える医療法人徳洲会からの金が流れるようになり、それが猪瀬に受け継がれるようになったと推察される。このように、両者の関係の思想的発端がすでに五〇年以上前からできていた……とすれば、都知事の席を託した猪瀬に徳洲会を紹介した石原にも徳洲会の金は流れていたのではないのか？　ＤＨＣ会長から渡辺喜美氏（元・みんなの党代表）への単純な「貸し金」などよりもはるかに興味ぶかい政治劇がここにはある。

3　北ミサイルと「世襲」王朝の悲喜劇

この四月（二〇一二年）初めから二週間ばかり、日本のマスメディアは①北朝鮮のミサイル発射騒動②福井県大飯原発などの再稼働といった深刻な問題の合間に、③ダルビッシュとイチロー両選手の対決といった明るい話題を挿入する形で推移してきた。メディア自体の事件としては、毎日新聞の外部寄稿者による「すでに伐採された」桜が「今年も満開」だという写真付き誤報、朝日新聞の事実と違う原発定期点検不備批判記事（いずれも社の正式紙面記録から削除）などがある。前者は人畜無害だし、後者はあってはならないことだが、人員の削減から事実確認の余裕がなくなってきているメディア他社にもないとはいえないもので、その謝罪が公式になされたことでよしとしたい。

というわけで、今回は政治コミュニケーションの立場から、世界の独善的専制国家、北朝鮮問題についてふれる。今度のミサイル発射（北朝鮮のいう「人工衛星打ち上げ」）は三代世襲王朝と〈先軍主義〉成果誇示の目玉で、世界中からジャーナリストがその打ち上げ現場に招かれた。だが発射直後に爆発飛散してしまったのだから、急造指導者の不首尾が見え見えで滑稽でさえある。

筆者の訪朝経験はこれまでに四回、最初が一九七六年アジア卓球選手権大会開催の日本卓球協会役員として、最後が九二年で名古屋からのチャーター便による京都友好訪朝団一六〇名の副団長としてである。筆者は当時、日本人と同じ税金を払っている在日韓国人・朝鮮人が国民健康保険や市営住宅に入れないのは正義にもとるという市民意識を持って活動していた。しかし北朝鮮中央政府／金日成王朝のやり方にどうにも許せないものを感じ、彼の地への訪問を久しく止めている。

国連による北朝鮮への安保理決議遵守要請から米国地対空誘導弾ＰＡＣ３の配備を含め、問題となった北朝鮮のミサイル実験の最初は九八年八月三一日であった。筆者はそれをモンゴル草原の宿泊テント（ゲル）に持ち込んでいた短波ラジオで知った。その日、野中広務官房長官（当時）が「北朝鮮による許しがたい挑発行為だ」といっていたことを、氏がその後、余剰米ビジネスにもなる北への食糧支援に熱心に動いたこととともに覚えている。またこの時からすでに北はミサイルを「人工衛星」といっていたが、打ち上げ物体が宇宙に留まるものを人工衛星というから、最初から詐称していたわけだ。

北朝鮮が国民の大半を飢えさせ、体制批判者を刑務所に送り、ときには処刑さえしていることはもはや常識だ。九二年の訪朝時、対日活動の責任者と迎賓館で食事をともにしたが、彼に核開発と運搬ミサイルについて訊ねると「核兵器もミサイルも持たないし、開発する経済的余裕もない」といった。筆者は大組織には明かしたくない秘密がないわけではないことを知っているし、聞いた人に迷惑がかかるようなことは外ではしゃべらないという国際常識も心得ている。だが、直接の対話で欺されたくはない。以来、この国を訪問しても金王朝が続くかぎり時間の無駄だと考えるようになり、現在に至っている。

二〇〇二年九月の小泉純一郎総理（当時）とのピョンヤン会談で故金正日国防委員長（国家元首）が日本人拉致を公式に認めて以来、日本のメディアは北に振り回されっぱなしだ。その頃、京都市議選の応援で、前原誠司民主党政調会長（当時）と同じ会場で演説したが、筆者は金氏が米国によって悪の枢軸に列せられたから、フセインが間もなくいなくなり、これから一〇年は金氏がその悪役を演じさせられると予告した。広告原理では悪名は無名に勝り、「人道的」食糧支援も実際には支援国の不必要な穀物を処分するビジネスになっている。それ以上に、被支援国のワルの存在そのものが周辺国の国防費増大を合理化する。実際、筆者の元ゼミ生で日本の防衛産業の勤務者は北の指導者が恫喝的暴言を吐くたびに会社は「これで儲かる」とにんまりしていると伝えてきている。

三・一一複合震災について作家で詩人の山口泉氏（五六）が思想面から分析したように（『原子野のバッハ　被曝地・東京の三三〇日』勉誠出版、二〇一二年）、どのような問題についても隠れた部分まで踏み込んで一度は徹底的に検証しておく必要がある。北朝鮮問題でいえば、関係五か国政府（日米韓中露）とそのメディアは彼の地の政治制度を本当にグローバル標準に向かわせようとするならば、どのような戦略的連携と国内世論の喚起が当該地域圏の安定に貢献できるかの道筋を具体的に示すことが必要だろう。

（二〇一二年四月一八日掲載）

4　日韓の学問的親善と政治的対立

八月二五日（二〇一二年）、東京の成城大学で、日本マス・コミュニケーション学会（会長：浜田純一東京大学総長）と韓国言論学会（会長：尹榮喆延世大学教授）の共催で、両国の対米報道を主テーマに第一八回日韓国際シンポジウムが開催された。メディアではこのところ、両国間の竹島（韓国で「独島」）の帰属や「従軍慰安婦」問題が大きな話題となり、政治指導者間の激しい対立が報じられている。しかしメディア学界では一八年前から日韓で交互に開催（最初は中国も参加していたが政府の制約が多く途中から不参加）されてきたがそこには感情的対立は起きていない。

両学会ともメディア／ジャーナリズムの総過程を対象とする学者／研究者の組織だから、短期的な時事問題を直接に取り扱うわけではない。しかしメディアが人々の社会観（世界観・倫理観・歴史観）の形成という役割を果たしている以上、それらを軽視するわけにはいかない。

その点で、今回のシンポジウムが現在の日韓両国にとって大きな存在である米国に関わる両国メディアの報道差異を取りあげたことは時宜を得たものであった。

シンポジウムは双方の会長挨拶で始まり、基調報告、日韓の米国報道、日韓の対米報道と、それらへのコメントと総合討論という構成で、日本側基調報告者の小玉美意子氏（武蔵大学教授）はコミュニケーションを①メジャー（主流メディア）とそれを補完する②シェア（市民メディア）、情報内容よりも繋がりの安心感醸成のための③ケア（慰安メディア）の3つのレベルに分け、日本の対米コミュニケーションを歴史的に分析した。韓国側の崔禎鎬氏（前延世大学教授）は韓国に対する過去の中国、そして日本、戦後の米国の制圧者的位置関係を踏まえ、メディアは各国民が相互に尊敬し合える「多者」間の信頼関係の醸成という啓発的役割を果たすべき時代が到来していると説いた。

政治家の多くはその時々の利害を効果的なパフォーマンスで人々に訴えかけようとするが、学問は未解明のことを地道に追究し、それらを人間社会の改善に役立つ基礎資料として提供する作業である。その点では今回、日韓のメディア学者が相互信頼の雰囲気のなかで真摯に議論できたことはよかったが、いささか物足りない面もあった。

不満の第一は、各論の発表が双方ともにそれぞれの新聞メディアにおける米国関連記事や沖縄問題報道の分析、米国における取材の仕方などの技術的なことへの言及が多く、その根本にある日・韓・米とその周辺国である中国やロシア（ソ連）を視野に入れた議論があまりなかったことである。

不満の第二は、メディアの提供情報は①取材者の意図と能力②発行者の編集姿勢③メディア企業の利害等の他に、日米・韓米・日韓の場合は④米国の世界戦略の問題が深く関わらざるを得ない。その点への言及が日本側報告にはなかったし、韓国側からも深い分析がなされなかったという点である。

米国の対日戦略をまとめた元外務省国際情報局長、孫崎享氏による最近の著書『戦後史の正体』（創元社、二〇一二年）は戦後日本の政治と経済のほとんどすべてが米国抜きには存在しなかったことを克明に記している。米国の狡猾さは自己利益のために、日本に売りつける原発の燃料として必要な濃縮ウランを冷戦下のソ連に生産委託さえしていた（有馬哲夫『原発と原爆「日・米・英」核武装の暗闘』文春新書、二〇一二年）ことからもわかる。

また、外部からは元ジャーナリストの会員も多い学会がなぜホットな問題を語らないのかという疑問も出るだろう。今度のシンポジウム出席者にもそうした焦りがあるのを察知した、次回ソウル大会開催責任者である金正鐸成均館大学教授が閉会の辞で、「来年は領土問題報道をテーマに議論しよう」と挑発したとき、会場内がどっと笑いに包まれた。

メディアで炎上している政治問題を学会がそのまま取りあげるべきかどうか。総合討論の司会者を務めた五十嵐浩司氏（大妻女子大教授）は個人的感想として、「学界はそれよりも純粋アカデミックに専念し、その学問的興奮を共有することで、政治・歴史認識問題にも間接的な影響を与えるのがベストなのでは……」と筆者に述べた。学者は一時的に「曲学阿世」「世間知らず」と揶揄されようと、歴史の検証に耐えられる営為によって、社会の歪みを矯正していく努力を求められるということだろう。

（二〇一二年九月五日掲載、原題は「政治と距離　日韓メディア学会」）

5　日本と香港　学生の政治への〈あきらめ〉

二月四日（二〇一四年）から一〇日までの一週間、同志社大学の国際研修企画として行われた、香港教育大学との学生交流セミナーに参加してきた。学生同士の国際理解コミュニケーションの促進が目的で、今回は「国際理解促進におけるメディアと若者の役割」を主要テーマとした。筆者は引率責任者を務め、「若者のメディア接触と中国理解」と題した基調講演を行った。セミナーの合間には、中国深圳とマカオを一〇年ぶりに訪れる機会も得た。

香港教育大学のカホ・モク教養社会学部長（政治学）やアレックス・チャン講師（メディア学）と入念な事前うち合わせをしてセミナーに臨み、双方の学生の活発な議論展開で成果があった。香港側の学生が「日本政府の歴史認識に対する批判が香港メディアに出ることがあるが、それはすでに過去のことであると考えている」と発言すると、出席した香港側学生二人全員がそれに賛同。しかも、二人の中国大陸からの留学生も同意し、「中国メディアの伝える政府の公式見解は市民の意見とは違うことが多い」との発言まで飛び出した。

この率直さには驚いたが、時間をかけて議論をしていくうちにその背景が分かってきた。香港が中国に返還される前の英国統治時代は、総督を自ら選ぶことができず、返還後も大陸の中国政府に抵抗することが難しく、政治に対してある種の「あきらめ」を感じていた。その結果、祖父母と親の世代は戦争の惨禍を忘れていないが、若い世代は経済的利益の追求の方が大切だと考えるようになり、その立場からは今の日本の生活様式が理想的に見えるのかもしれないということだ。

実際、宿泊したホテルの食堂では日本のポピュラー音楽がよく流れていたし、香港から深圳に向かう列車内では、日本製の紙おむつや粉ミルクを買い込み持ち帰る人が目立った。

香港のテレビ局では、「アジアテレビ（ATV）」が圧倒的な視聴率を誇り、その番組には派手な活劇や音楽中心の娯楽系が多い。それに対抗すべく報道重視を掲げたいくつかのテレビ局が立ち上げられたが、最初は社会派番組を流していても視聴者がつかず、しだいに娯楽主体になってしまうとチャン氏が報告した。

日本のメディア学者たちは、香港のテレビではよく「フェニックステレビ」を取り上げ、革新的で、北京政府から独立し人気があると紹介する。しかし、実際にはそれは有料の衛星放送で、言語も香港住民が使う広東語（南方方言）ではなく、北京を中心に使われる標準語のマンダリンだ。このため、現地では主にマレーシアやシンガポールに在住する「華人」のノスタルジアをかき立てる役割を果たすと同時に、北京政府には逆えないが露骨な迎合のないところが、大陸の知識層に受けているだけという評価であった。

また私たち一行は、香港にある「中国国営中央テレビ（CCTV）」のアジア太平洋総局を訪問し、局員と国際放送のあり方について議論する機会があった。相手から「日本政府の反中国的態度を国民はどう見ているか」と問われた同志社のある学生は、「青島（山東省）からホームステイの学生を受け入れたことがあるが、日本の安全と清潔さ、人びとの親切さに感動していた。自分の家族も中国の若者と信頼しあえて喜んでいた」と、回答。「日中政府のメンツをかけた対立は迷惑でもある」と、するどく切り返していた。

また会食をしながらの懇談では、ある学生が「なぜ香港のペットボトルのフタは日本のものよりも大きいのか」と聞くと、「中国人は大きいものが好きだし、なんでも日本に負けたくない」との答えがあり、大笑いになったこともあった。こうした国際交流の場で、堂々と渡り合う日本の若者に筆者は希望を感じた。

一方で、私たちの香港滞在中の九日に行われた東京都知事選の投開票の分析結果によると、高齢者の多くが福祉政策の充実を求め、若年層には日本の対外的強硬姿勢を支持する傾向が強かったという。投票日は大雪でその影響もあるだろうが、棄権者がことのほか多かった。若者の多くが政治をネット上の「楽しみ」と位置づけ、実際の政治参加には忌避傾向が強まっている。香港と日本の若者の政治に対する「あきらめ」は似ているようで、情報社会、メディア論的には大きな本質的差異がある。

（二〇一四年二月一二日掲載、原題は「日本と香港 似て非なる政治への〈あきらめ〉」）

6 「橋下現象」とメディアの報道責任

最近のメディア活動の不祥事といえば、橋下徹（はしもととおる）氏（大阪市長、日本維新の会共同代表）に対する『週刊朝日』一〇月一六日発売号（二〇一二年）による誹謗とその謝罪、人の心筋治療にiPS細胞（新型万能細胞）を注入したという偽医師発信情報を真に受けての誤報問題が双璧だ。

後者は拙速主義と専門知識の欠如に起因するものだがすぐ誤りに気づき、訂正に努めたから罪は小さいが、前者は記事を載せた『週刊朝日』とその親会社の朝日新聞社の全面謝罪と連載取りやめとなった。これはメディアとジャーナリストへの信頼度を落とし、公人報道についての悪例として、今後のまともなメディア活動をしにくくする罪深きものだ。

週刊誌はしばしば「新聞では書けない記事」などと販売広告をするが、問題号のそれには「緊急連載スタート ハシシタ 救世主か衆愚の王か 渾身の同時進行ノンフィクション」（一六日付朝日新聞）とあり、佐野眞一氏による連載第一回が始まった。だが、そこには「橋下徹本人も知らない本性をあぶり出すため、血脈をたどった」ともあり、実際の表紙にも「DNAをさかのぼり本性をあぶりだす」とある。

本文でも彼が同和地区の生まれであることがその政治手法になっている（と読み取れる）と主張するもろの人権侵害であり、発行側に落ち度があることは明白である。当然だが、橋下氏本人からの猛烈な抗議もあり、朝日側は翌週号で「連載記事中で同和地区などに関する不適切な記述が複数あり……」として謝罪し、連載中止が同時発表された。

今回のような記事が反倫理／反社会的であることは日本雑誌協会倫理綱領や朝日新聞社の編集綱領、同社広告掲載基準にもある通りだからあきれる。だが、朝日新聞社が編集／発行（販売は『週刊朝日』と同じ朝日新聞出版）しているメディア研究誌『Journalism』の二〇一二年九月号は「橋下現象をどう報ずるか」という全四三頁もの特集を組んでいる。そこには同紙の政治部長の論考や読売・朝日の両紙と朝日放送の橋下番記者による座談会記録等が掲載され、自分たちの過去の報道経験が橋下氏には役立たないとの「イラダチ」の羅列となっている。

マスメディア全体が新型政治家の言動に振り回される中で、朝日新聞が家系と素性から始めるノンフィクション作品で定評のある佐野氏（たとえば、『あんぽん　孫正義伝』など）を起用して、「新聞では書けない」切り込み方をしようとしたようだが、そのやり方が下劣そのものだ。加えて、ハレーションが大きくなるとトカゲの尻尾切りよろしく、ライターを切って済まそうとする朝日のやり方には感心できない。

橋下氏はテレビタレントから大阪府知事に、そこから市長へ、そして今、日本維新の会の共同代表である。一年以内にある総選挙でどの政党も過半数を取れない場合、安倍晋三自民党総裁や都知事を辞職した石原慎太郎氏らと友好関係にある氏が即大臣……という想像にも現実性がある。

氏は地元大阪に賭博場を設置しようと試み、自分が統率する自治体職員には人権侵害行為の疑いの濃い入れ墨調査を実施している。そうした意表を突いた政治的行為の背景をこれまでの氏の社会活動に探ることは、公表の仕方に細心の注意が必要だとはいえ、ジャーナリズムにとっての重要な基礎活動であろう。また橋下氏は今回の記事についても「週刊朝日は謝り方を知らない鬼畜集団」、「佐野を抹殺しに行かねば……」などと、「ヤクザ」的恫喝と差別発言もしている。かつて、ある殺人事件の弁護活動が気に入らないという理由で、テレビ番組出演中にその弁護団への批判活動を呼びかけたりもした。それらの間違いを指摘されるとすぐ取り消したり謝罪する。つまり、ソーシャルメディアの特徴を知り巧みに使いこなす氏の言動は前述『Journalism』記事のタイトルにもあるように「プロレス型」なのである。

問題はメディアもまたそうした方法でオーディエンス（視聴者・読者）を引きつけてきた側面があるから、氏にその上をいかれると、今回のような許されない逸脱行為に走ってしまうわけだ。半面、橋下氏のやり方は郵政民営化をシングルイッシュー（複数の争点から一つだけを取り出すこと）として解散総選挙をした小泉純一郎氏と類似しており、グローバルな安定が求められる今日的状況では間違いなく社会的不安定を増幅する。

そうした認識と覚悟で表現の自由確保のためのぎりぎりの努力をすることなく、すぐさま白旗を上げてしまった朝日新聞グループのお利口ぶりとダブルスタンダードには失望した。

（二〇一二年一〇月三一日掲載、原題は「〈橋下連載〉すぐに白旗　朝日グループに失望」）

7　「全聾の作曲家事件」に見るテレビの〈やらせ〉構造

第二二回オリンピック冬季競技大会（ソチ五輪、二〇一四年二月七〜二三日）が開かれたロシアと日本との時差は五時間あり、この二週間あまり、日本国民の多くが深夜のはらはらドキドキで睡眠時間を奪われた。「強い者が勝つのではなく、勝った者が強い」とはメダル追求型スポーツの常識であり、経営収益と人気選手の存在が相関していることを熟知しているメディア関係者も大会組織者もそのような視点で報道姿勢を整える。そのため、体育の目的が健康増進であるという大枠などすっ飛んでしまっている。だが実際には、多くのトップ選手が腰痛などに苦しみ、健康を害している。

いずれにせよ、練習でいくらすばらしくても、「試合で勝つ者が強い」ということでメディアスポーツは成立し、その枠組でヒーローとヒロインがイメージされ、それが叶わないと感動物語路線となる。メディア報道には「シングルイッシュー」(その時点での最大関心事項作り)的傾向があるのは一般ニュースにも通じることだが、今回の五輪報道もその例外ではなく、視聴者にとってのメディアリテラシー向上に役立つ教材となった。

このソチ五輪に少しだけ関係しながら、期間中のメディアでの扱いが小さくなった、しかしメディアがその根本においてさらに大きな責任を問われるべき問題がある。男子ショートプログラムで高橋大輔選手が使用した楽曲『ヴァイオリンのためのソナチネ』に「全聾」作曲家・佐村河内守氏とは別の「実作者」がいた件である。もちろん、音楽はそれを好む人が楽しむものであり、どのような経緯で作られていようが作品としての価値とは関係がない。

高橋氏もその曲がいいから選んだとテレビインタビューに答えていたがそれでいい。

しかし私たちがメディアと社会という視点で問うべきはその全聾作曲家の〈作品〉には①別の作者がいたという事実と②そのことを「知らず」にＮＨＫが五年をかけて取材したスペシャル番組『魂の旋律～音を失った作曲家～』を昨年三月に放映し、民放も基本的にそうした番組作りで、「感動」を売るビジネスとしてきたこと、さらには③週刊文春がスクープするまで放送界も新聞界でも批判的に取り上げることがなかったという事実である。ＮＨＫは一連のことが代作者の会見と代理人を通した本人の謝罪で明らかになると、「放送当時、本人が作曲していないことに気づくことができませんでした」と釈明した。しかし五年も取材して気づかなかったという無能力では、放送法で「公共の福祉に資する」「事実の放送」を義務づけられている「公共」放送局による国民だましであり、その責任は免れがたい。

しかもＮＨＫスペシャルにはこれとよく似た経緯で制作され、今に至るも謝罪していない番組『奇跡の詩人』（二〇〇二年四月二八日放送）という悪例がある。脳に障害がある少年が母親の手を借りて「文字盤を指すこと」で執筆活動していることを感動的に取り上げたものだ。しかしその表現速度と内容の抽象度が運動学的、表現学的に常識を越えていることから、筆者はそれが〈やらせ〉番組であることを新聞に書き、ＮＨＫにも抗議した。その時のＮＨＫからの文書回答は「制作担当者は真実だといい、番組審議会でも問題にされなかった」という破廉恥ものであった。

今回の佐村河内氏の場合、「全聾」で、被爆二世として広島に生まれ、三五歳の時に聴力を完全に失った……それ以来「絶対音感」を頼りに作曲しているというのが売りにされ、『交響曲第一番　HIROSHIMA』などが大ヒットとなった。筆者も今回、それらの番組を視聴してみたが以前の『奇跡の詩人』同様の制作パターンと内容的怪しさを感じた。

テレビが多くの視聴者を獲得するためにストーリーのメリハリを際だたせ、伝達効果を上げるのは「演出」であり、その技術を磨くことは必要だ。しかし虚偽を事実のように伝えるのはプロパガンダ（宣撫工作）であり、「やらせ」という社会的犯罪だ（拙著『テレビ──「やらせ」と「情報操作」』三省堂、一九九五年を参照）。

二〇〇七年一月に関西テレビで放映され問題となった『発掘！あるある大事典Ⅱ：食べてヤセる!!!　食材Xの新事実』で、納豆がスーパーやコンビニの棚から消えたことがまだ私たちの記憶に新しい。これなどは半分笑い話ですむが、今度の件のように、日本の放送界がそろって右へならえ式の番組を作り、週刊誌報道があるまでテレビと新聞がともに「同じ姿勢」であったことは結果としての虚偽への加担であり、メディア関係者の連帯責任でもある。

（二〇一四年二月二六日掲載、原題は「〈感動〉を売る番組の怪しさ」）

8　麻生副総理ナチズム「手口」見習え発言の波紋

麻生太郎副総理兼財務大臣が七月二九日（二〇一三年）、公益財団法人国家基本問題研究所（在東京、以下、国基研）の例会シンポジウムで、今度の参院選で争点の一つとなった憲法改正問題について、「（ドイツの）憲法は、ある日気づいたら、ワイマール憲法が変わって、ナチス憲法に変わっていたんですよ。だれも気づかないで変わった。あの手口学んだらどうかね……」（文字起こし記録から）と発言したという。

そのことで、内外からナチズム（以下、ナチ）称賛だとの批判が起きると、その発言三日後には本人が声明を読み上げ、ナチに言及した部分だけ撤回するというおまけまでついて、それがまた批判を増幅している。

麻生氏といえば、かつての首相時代（二〇〇八年九月から一年）、事務方の作った国会演説原稿の「踏襲（とうしゅう）」を「フシュウ」と読むなど、ＫＹ（同氏の場合は「漢字の読めない」の略）として名をはせたから、もともと知的教養があるわけではない。だが、まともな人であれば決してしてしない「ナチ擁護」（と受けとられかねない）発言を今回は副総理としてやってしまった。それは先の日本維新の会共同代表・橋下徹大阪市長による「慰安婦」発言と同様、通信の発達した今日、それがすぐさま負の国際的波紋となり、日本の国益、国民益を著しく毀損するし、実際にそうなった。

情報民主主義の基本の第一は、解釈に違いは許されるが事実の間違いはだめで、後から批判されるプロパガンダ（宣撫工作）と受け取られてしまうということだ。ドイツのワイマール憲法はナチによる国会放火などで操作され沸湯した世論によって治安維持名目で全権がナチ政権に臨時的に委譲され効力を失ったもので、「ナチス憲法」などというものはない。つまり、麻生氏の歴史認識は「事実」面で間違っており、「やらせ」である。

第二は、発言が五四〇人（主宰者発表）もの公開の集会で、公人中の公人である日本の副総理によってなされた「公的」なものだということだ。主催した国基研は評論家の櫻井よしこ氏が理事長を務め、理事に石原慎太郎衆議院議員（前東京都知事、日本維新の会共同代表）などを擁するシンクタンクで、当該シンポは「日本再建への道」が標題であった。招待された登壇者は、麻生氏の他では同じく衆議院議員の西村眞悟氏（無所属）と笠浩史氏（民主党）で、いずれも政界のなかでは改憲活動家として知られる。

もちろん、改憲の意見そのものは言論・表現の自由の範囲内である。また、この日の麻生発言も記録を読むかぎり、かなり当該シンポの雰囲気に合わせた「麻生流冗談」にも聞こえるがこれはKYどころか、上述のように政治家のタクティクスとしても公的発言としては世界的に許されないものだ。

だから、そこまで言われたホロコーストの犠牲者であるユダヤ人たちは黙っておられない。案の定、米国ロサンゼルスを本拠とし、ミュージアムを併設するユダヤ人人権団体「サイモン・ウィーゼンタール・センター」（以下、センター）の副代表クーパー師は麻生発言の翌日、批判声明を発表し、「真意を明確に説明せよ」と求めた。この経緯は阪神淡路大震災発生当日に発売された文藝春秋発行の月刊『マルコポーロ』一九九五年二月号（花田紀凱編集長）が西岡昌紀氏による「アウシュヴィッツにガス室はなかった」という記事を掲載し、結果として編集長だけではなく、社長の退陣にまで至ったことを思い起こさせる。

それらのことは公人である橋下徹氏の「公人」的側面を事実に基づいて批判できる部分と彼の責任ではない出自との区別ができずに貶めた『週刊朝日』記事が各界から総スカンをくい、記事取り消しと出版社社長の退陣となったことと同類のメディア・アカウンタビリティ欠如の問題なのである。

ヒトラー総統当時のナチ政権がガス室を建設したという予算、決算書類がすでに発見されているから「ガス室はなかった」ということには無理がある。現在のイスラエルが多くの国連決議に反し、パレスチナ居住地を爆撃したり、反対にナチが没収したユダヤ人財産の賠償追求、ユダヤ人犠牲者数の水増し疑惑などといったことへの批判があっていい。それは事実を基にしており、麻生発言とは別次元の問題だからだ。

筆者自身は『マルコポーロ』記事についてそうした立場からの批判的コメントをした関係で、九五年秋、同センターで講演を依頼され、クーパー師と懇談、その後にホロコースト生存者にも取材した経験がある。悲しいことに、日本では社会的に常識と良識を持っていることを期待されている者たちが実はそうではないということが多すぎる。

（二〇一三年八月七日掲載、原題は「良識と常識が欠如した麻生発言」）

第二章　現代メディアビジネスとナショナリズム

1　国威発揚の五輪報道と芸能人化される選手たち

四年おきの夏と冬に開催されるオリンピック（五輪）は名実共にスポーツ界最大のイベントである。経営力学的に見れば、現在の五輪は選手と観客と組織者（広告会社が必ず入っている）が力学的にもっとも隔絶した状態にされたビジネスモデルが確立し、「体育」の本来的な目的である「健康増進と社会的規律教育」などどこかへ行ってしまっている。結果として、メディアのなかの選手たちはタレント／芸能人と同じ扱いをされ、観客は市場の顧客にすぎない。視聴者もそのことに不思議を感じるどころか、メダル争いに茶の間から参加し、睡眠不足ぎみになっている構図で、それこそ組織者が狙っているものだ。

メディアの観察者から見れば、ロンドン夏季五輪（二〇一二年七月二七日から一七日間）がその前に日本メディアの話題をほぼ独占していた大津いじめ自殺事件の次の報道対象の主役になり、これが済むと終戦記念ジャーナリズムになることが確実に予見できる。そのように、ヒューマンインタレスト（人間的興味）を引く事件／イベントか季節の旬を追いかけるだけの報道には、各メディア企業が取材・編集方針・綱領として「報道を通した社会の民主化への貢献」とはいささか違和感がある。今回は現在進行中の第三〇回ロンドン五輪を素材に報道のあり方について考えておきたい。

まず開会式前日の新聞は「夏の祭典　いざ」「旗手の呪縛　女王が解く」などと、女子レスリングの吉田沙保里選手が三大会連続金メダルをはたして獲れるかを話題にし、日本が「お家芸」と名づけてはばからない柔道については金メダルが当然として、メダルを取っても日本柔道協会は報奨金を出さない……といったことが序盤での話題であった。ところがその柔道が不振で、女子五七キロ級の松本薫選手だけが金メダルに耀くことになり、その出身地の金沢市が役所正面玄関前にお祝いの看板を出し、現在の居住地の東京都多摩市がニューヒロインを迎えての凱旋イベントを計画していることが報道される。

日本で唯一の関連法であるスポーツ振興法は東京五輪を成功させるためにその三年前の一九六一年に立法化された。時代も変わり、スポーツをより効果的に国民に普及させるため、それはスポーツ基本法として一一年六月に全面改訂された。この法律に従って今回の五輪チームも派遣されているのだが、同法は冒頭で、「スポーツは、世界共通の人類の文化である」と規定し、日本の「スポーツは、心身の健全な発達、健康及び体力の保持増進、精神的な充足感の獲得、自律心その他の精神の涵養等のために個人又は集団で行われる運動競技その他の身体活動」であると規定している。

だが、メディアが五輪選手をそのように位置づけて報道をしているとは思えない。たとえば、現代社会の特徴の一つがグローバル化であり、国際会議で体重別制度も畳の色の違いも受け入れたのだから、いつまでも柔道が「日本のお家芸」でいられるはずもない。もしそうしなかったならば、その種目はグローバルな普及をせず、発祥の地の文化的特徴は残せるが、地域の限界を超えられない。スポーツといえども、その人気拡大と普及には①グローバルな愛好者増加要件と②関係企業ないしは組織者の利益を保障していなければならない（A・グットマン、谷川稔他訳『スポーツと帝国　近代スポーツと文化帝国主義』昭和堂、一九九七年）。

そのことが同じく外国人に日本人が勝てなくなっている大相撲と柔道との違いになっている。一九九一年秋に来日し、筆者と対談した世界的なジャーナリスト、D・ハルバースタム（一九三四〜二〇〇七）は時間があるとホテルの部屋で開催中の大相撲を観戦し、活躍中の横綱曙（ハワイ出身）を話題にした。相撲は二〇年以上前から横綱に外国人がおり、柔道はその前からA・J・ヘーシンク（一九三四〜二〇一〇）などの外国人が五輪で活躍している。

筆者は日本卓球協会の関係者として三〇年間も世界チャンピオンたちの鍛錬を見てきたがその努力には頭が下がる。同時に、その卓球は一九八八年に五輪種目となるまで、優勝してもスポーツ選手とその所属協会を顕彰するだけで、国旗掲揚をしなかった。だから、後の試合を有利に進めるための、今回バドミントン選手たちがしたメダルナショナリズム優先の意図的な「無気力試合」のような「反スポーツ精神」的不祥事も少なかった。
過ごしにくい熱帯夜をテレビの五輪鑑賞で過ごし、政治や経済の不振やつらい生活をしばし忘れ、国威発揚遊びに興じるのもよいが、その間にも私たちの将来生活を左右する国会の動きや政治が国民不在で進行しているかもしれないことも忘れてはいけない。

（二〇一二年八月八日掲載、原題は「選手をタレント扱い　疑問だらけの五輪報道」）

2　食品偽装への迎合とコピー商品愛好の相似形

突発的な事件報道を除けば、高視聴率で評判となったTBS日曜劇場『半沢直樹』論が一段落した今のメディア最大の話題といえば、食品の偽装表示問題である。有名ホテル、レストラン等のメニューに書かれた「キャッチ」用食材が実際にははるかに安い仕入れ価格の模造品（もどき）であったのだから、これはもう社会常識的にも辞書的定義でも「詐欺」そのものである。また、メニューは不特定多数に向けての公開メッセージだから、発信者にその内容責任があることに疑いはない。つまり情報流通の形式としてはマスメディアのそれと同じである。

報道によれば、某ホテルチェーンはオーストラリア産牛肉に和牛の脂身を打ち込んだ「成形肉」をステーキとして供し、輸入した冷凍保存ジュースを「フレッシュ」と称した。某有名料亭ではキャビア（チョウザメの卵）と銘打って黒く着色したランプフィッシュ（ダンゴウオ科）の卵を使っていた。しかもそれはホンモノなら一ビン一万二千円もするのにわずか八四〇円で仕入れていた。

政府はこうした「欺し行為」から消費者を守る組織として消費者庁を設置しているし、食品安全担当内閣府特命担当大臣や消費者行政推進担当大臣なども任命している。また消費者の敵を取り締まる法律としては刑法（詐欺罪）、食品安全基本法、食品衛生法、ＪＡＳ法（農林物資の規格化及び品質表示の適正化に関する法律）、不正競争防止法、景表法（不当景品類及び不当表示防止法）、消費者基本法など数多くあり、違反が露見すれば関係業者は評判を確実に落とす。悪質なケースでは逮捕される場合もあるが、今回の事例の多くは実際よりも質が高い食材であるかのように装う「優良誤認」型がほとんどだ。

これらの偽装問題は概して、事業者側が正当なビジネスモデルに従うよりもはるかに大きな利益を上げようとする邪悪な心から起きている。だが、事業者を取り締まれば根絶されるかといえば、現在の市場自由主義ではそれほど簡単ではない。また実際にも理論的にもこの問題には事業者批判だけではすまないグレーゾーンが多い。

ちなみに筆者の個人的体験だが、アラスカの空港のキャビアコーナーでビン詰めのランプフィッシュの着色卵をホンモノの五分の一ほどの値段で買ったことがある。だが、そのビンにはちゃんと「EGGS OF LAMP FISH」とのラベルが貼ってあった。だからそれは日本の法律でいう不当に客を誘導する「優良誤認」の禁止に違反するものではない。ただし、英語の読めない人は「欺される」し、その卵はホンモノほど大きくなく、味も値段相応でホンモノ特有の「まったりさ」がなかった。だがホンモノを知らなければそこまではわからない。

勤め先大学のゼミでこの問題を取り上げたのだが、驚いたことに、心底から怒っている学生が一人もおらず、「ファミレスでそんな値段で黒毛和牛が食べられるわけがない」「御客が満足しておればそれでよい」といった意見が圧倒的。「私は気にしないが母はスーパーでの買い物で産地を確認している」という感想もあるにはあったが、そういう学生たちの多くは高価なブランド品を一つだけ持ち、その他はコピー商品（ブランドの模造品）の愛用をしている。

とすれば、次代を背負う若者たちの多くが気にしていない問題でメディアが騒いでいることになる。O《オー》157（腸管出血性大腸菌）感染症はこれまでに何人もの死者を出しているが、今では効率一辺倒の工場方式で抗生物質を使いすぎた育牛生産方式から生まれた耐性の強い突然変異大腸菌がその原因であることがわかっている。しかし日本での最初の発病は関係のないカイワレダイコンを「犯人視」して幕引きされ、メディアもそのように報じて、輸出国米国と国内の大手輸入業者に遠慮してか、今でもまともな訂正をしていない。

つまり、今度の偽装問題でもメディアは今回あらためてその実態を知ったわけではないだろうし、今日のような少しでも安いものを求め、供給するグローバル化経済の下では、消費者が有効な「産消提携（生産者・消費者の提携）」や「地産地消（地域の産物を地域で消費する）」活動をすることは簡単ではない。

とすれば、この問題は消費者が知恵をつけ、業者に偽装を許さず、真相／深層に迫ることをしない現代のネット社会の風潮に迎合しない社会教育の推進をメディアが継続して後押しするという方向でしか問題の根本的解決を図れないことになる。

（二〇一三年一一月一三日掲載、原題は「食材偽装　事業者批判では解決できず」）

3　ドラマ『半沢直樹』の反教育効果とメディア倫理

七夕の日（二〇一三年）からTBSが放送したドラマ日曜劇場『半沢直樹』がテレビ低迷の時代にあって、久々に好調な視聴率を得て全一〇回を終えた。最終回、大和田常務が土下座して部下の半沢に自らの非を認め、続いて、大和田の平取締役への降格と半沢の他会社への出向が中野渡頭取から命じられる部分が関東地区で五〇％を超えたそうだ（ビデオリサーチ）。テレビ界では数字（視聴率）が神様だから業績の悪い同局の喜びようも尋常ではない。

ふだん私たちが行く窓口からは見えない銀行の暗い部分の描写が視聴者に意外と受けたことで、そのとばっちりを受け、いつもの不祥事より派手に報道されたのがみずほ銀行。お堅いはずの企業が融資において暴力団員への対応だけ超甘だったのだから、頭取以下の幹部が記者会見で頭を下げてもパフォーマンスだとして白々しく受けとられる。金融庁に業務改善計画を提出したみずほの佐藤康博頭取が一〇月二八日の謝罪会見で述べた言葉「株主、取引先、関係各社に関して大変な迷惑をかけ……おわび申し上げます」も『半沢直樹』を楽しんだ視聴者にはそらぞらしい。

銀行は窓口へ預金しにいくと笑顔で迎えられるが、ローンの申込みでは嫌な体験をしたひとは多い。深夜のドキュメンタリーでは、返済が遅れ暴力団まがいの取り立てをされ、自殺さえする人を描いた番組がよくある。なのに、みずほの謝罪会見では人数としてもっとも多い「一人一人の個人預金者」は「取引先」として一括りにされてしまい、謝罪相手とはみなされていない。当該幹部たちの役員手当の返上などは当然なことだし、そんなことではすませない……と男性たちの居酒屋談義や女性たちのガールズトークで話題になるだけだ。

さて、ドラマ『半沢直樹』は開始直後からクチコミで広がり、終了後には各紙で、さらにはテレビのワイドショーまでが取り上げた。ＮＨＫにいたっては平日午後七時半からの看板番組『クローズアップ現代』で土下座の社会的変化を解説してみせた。だがそれら新聞やテレビにはストーリー展開の面白さ、巧みな役者の演技への称賛が多く、次のシリーズへの期待が込められ、今度のシリーズが中国本土や台湾でも「倍返し」と土下座が話題となっていることが決まって紹介される。

ネットにも評言がずらっとならび、最後の降格人事の言い渡しについての原作とドラマの違いなどが詳細に語られる。単純化されたテレビよりも、やはり池井戸潤の原作活字版による人間関係や銀行内部のきめ細かな描写に引き込まれるとか、テレビの担当ディレクターが明治時代の啓蒙思想家で慶応義塾の創立者、福沢諭吉の家系である……とかなにかと賑やかである。

しかしメディア論としてはその種のことは関心対象ではない。小説など自分の意志で金を出して買ってきて楽しむものについての内容的許容範囲は広くていい。しかしテレビはチャンネルをオンにすればだれにも見られる。しかもそれは公共の電波を使った社会的公益事業であり、その提供情報は放送法とそれが定めた放送基準にしばられる。その放送法には「放送を公共の福祉に適合するように規律し……」とある。日本民間放送連盟がそれに従って定めた「放送基準」には「民間放送は、公共の福祉、文化の向上、産業と経済の繁栄に役立ち、平和な社会の実現に寄与する……」とあり、その後には「健全な娯楽、教育・教養の進展、児童および青少年に与える影響」を重視するとある。

ところが今回のテレビドラマの結末は、不正融資を教唆もしくは黙認するものたちがそこその立場で会社員を続け、不正を暴いた半沢が外郭へ出向を命じられる。理由が「やり過ぎで組織の原理を乱した」という理由にならない理由である。

そのシーンがいかに強烈なインパクトであったかは「数字」の示したとおりだが、ゼミ生と議論しても「悪いことがあっても会社では見て見ぬふりをするのが無難だということがわかった」という意見がかなりある。つまり今度のドラマは視聴者に社会的不条理には目をつぶらせる方向で機能したわけだ。

思い出せばこうした筋立てのドラマは多い。だが、その繰り返しが日本社会のあきらめを生み、抜本的改革を遅らせているとすれば、テレビ批評が視聴率とか配役とか、土下座の流行、派手なみずほ報道という意趣返しの程度で留まっていてはいけないことになる。

（二〇一三年一〇月三〇日掲載、原題は「『半沢直樹』の教育的効果」）

4　小国セーシェルと新星ドバイのリアル

八月初旬（二〇一二年）、京都の小学校教員を中心とした環境教育研修団（団長：山田矩子京都日本セイシェル協会長）を引率して、西インド洋の小国セーシェルと勃興する中東の新星ドバイ（アラブ首長国連邦の一つ）を訪問した。前者は国土の四七％を自然保護地区とし、かつては映画『さよならエマニエル夫人』（一九七七年公開）のロケ地となった共和国。昨年一二月には筆者がコーディネイトしたＮＨＫ番組『地球イチバン』で「世界で一番自然と親しい国」として紹介されたが、一般には英国のウィリアム夫妻の新婚旅行地として知られ、「インド洋の真珠」とも形容される。

一方のドバイは「新・アラビアンナイトの世界」（ＪＴＢ『るるぶ』誌記事名）と表され、生活環境の快適さは金と技術で実現できるという信念で躍進する世襲王族統治国家。映画『ミッション：インポッシブル　ゴースト・プロトコル』で制作・主演のトム・クルーズが壁面をよじ登る超高層ビル、ブルジュ・ハリファに象徴される「世界一」を人工的にいくつも造り上げて売り出し中である。

セーシェル（人口九万人弱）とドバイ（現地人約二〇万人と外国からの駐在ビジネスマンと出稼

ぎ労働者を合わせ約二〇〇万人）は小国だが、ともに①英国の元植民地で②独立以後の政治指導者が国民益に基礎を置いた政策を実施し③その成果がグローバルに広報されるという共通点がある。前者は観光主体で、後者は石油算出と交易、観光、金融の仲介でともに国家収入が比較的安定し、国民の教育費や医療費が無料で治安もよい。

筆者のセーシェル初訪問は一九八一年だが、初会見で当時のアルバート・ルネ大統領は、①米ソ両大国の冷戦構造に支配されない積極的中立外交②人間は自然の一部だという哲学を国家政策の基本とすると筆者に述べた。現ミッシェル大統領もそれを忠実に受け継ぎ、以来いくつもの五つ星ホテルが建設されたが、それら大ホテルの建設許可条件には太陽光発電や海水の脱塩化技術の利用が課され、巨大観光施設による河川取水はきびしく制限されている。

ドバイの発展は石油資源によるものだという論調が多いが、実際には①欧米植民地主義が信用できないこと②日本の養殖真珠がドバイの自然真珠産業をほぼ壊滅させ、他の収入源を見つけ出さざるを得なかったことなどがある。またイランやイラクなどの産油国の迷走や資源のないシンガポールの例を見れば、社会発展は指導者の智慧による部分が大きいこともわかる。

ドバイの世界一には先述した高さ八二八メートルのタワーオフィスビル、その前の人工湖に夜ごと一五〇メートルも吹き上げる噴水は横幅が二七五メートルあり、ラスベガス・ベラッジオホテルのそれを圧倒し、その横の巨大ショッピングモールの中央にある水族館のメイン水槽は三階吹き抜けで沖縄の美ら海水族館を凌駕する。今回の訪問時の外気温は摂氏五〇度！であったが、別のモールにはサッカー場三面大の人工スキー場まで用意され、珍しいものが好きなメディアが飛びつきやすい工夫がされている。

その戦略が今ではFREEDOM TO CREATE（創造するための自由）を標榜する世界のメディアの発信基地メディア・シティ（Dubai Media City）建設となり、すでにテレビではCNN、ブルームバーグ、アル・アラビア、BBCなど、活字ではフィナンシャルタイムズ、エコノミストなどの米欧系メディア企業が進出している。整備されたネット環境と安定したポリティ（政治基盤）を魅力とし、対中東、対イスラムの情報戦略を推進している。

だがこのドバイには一九九五年一月一七日に美しい神戸の夜景が一瞬のうちに消えたような危なさが内包されている。そのことは日本で出ているドバイ関連書名『ドバイがクール―世界ナンバーワンずくめの楽園都市』（槙島公、三一書房、二〇〇六年）といった観光宣伝的なものと、『株式会社ドバイ―メディアが伝えない商業国家の真実』（斎藤憲二、柏艪舎、二〇〇六年）といった対立的視点が示すように、『ドバイの憂鬱―湾岸諸国経済の光と影』（宮田律、PHP新書、二〇〇九年）という両面の内在を示している。

筆者は七二回も訪問したセーシェルよりも早く、一九七五年から中東を訪れているが、いざとなれば、自分の家の庭にキャサバ（イモ）を植え、近くの海や川で魚が獲れる生活もできる生活のほうが強いし、人にやさしい。半面、ドバイ的社会では医科学等の進歩によって交通事故傷害や難病から救われ、希望をふたたび持てるようになる人も多い。要諦は技術への過剰依存とメディアによる虚飾のイメージだけでは駄目で、人間が人間らしく生きることの意味を絶えず問い直して社会建設をすることであろう。

（二〇一二年八月二二日掲載）

5　日露の法文化とメディア

九月二三日と二四日（二〇一三年）の二日間、モスクワ大学（正式には「M・V・ロモノーソフ・モスクワ国立総合大学」）法学部が主催した「日本とロシアの憲法、法文化の発展」研究会議に招待され、日本の「言論・表現の自由とジャーナリズムの現実」と題した報告をしてきた。

現行の日本国憲法はGHQ（連合国軍総司令部）が日本国政府や民間の憲法研究会等によるモデル案や内部に組織した特別委員会が独自に集めた諸外国の憲法を参考にしながら草案を作り、日本政府と再調整しながら、明治憲法の改定手続きに従って国会で承認された。それは総じてポツダム宣言の枠内での作業であったが、男女の同権条項においてはロシア（当時はソ連）とワイマール（ドイツ）憲法を参考にし、米国憲法よりもすぐれたものになったと、当時の委員会の人権部門担当三人のうち、直接執筆者であった女性、ベアテ・シロタ・ゴードン（一九二三〜二〇一二）が後に語っている（ドキュメンタリー『私は男女平等を憲法に書いた』一九九五年）。

ベアテはウィーン生まれで、招かれて東京音楽学校のピアノ教授となった父がロシア系ユダヤ人であり、少女時代に日本で育った関係で、ドイツ語やロシア語、日本語など六カ国語を自由に操れたから、戦前の日本女性には選挙権がなかったこと、家庭内でも長男よりも権利が軽んじられていたことなどの是正を当時の先進各国の人権条項を参考に憲法条項として残した。

日露はもちろん、どの国でも憲法条項の記述がそのまま実行されているかは残念ながら別問題だが、筆者はベアテの例を挙げて、ソ連と日本の憲法には繋がりがあることに触れ、男女の「共尊（相互尊重）」と文化交流がメディアの自由によって広がることが安定した国際平和の構築に貢献するとも説いた。

さて、今回の会議への日本側出席者九名のうち、私の他はロシア／東欧法を専門とする樹神成（三重大学）、小森田秋夫（神奈川大学）、篠田優（北星学園大学）らの諸氏で、ロシア側の会議運営を仕切ったのはモスクワ大学法学部憲法・自治法担当のアバキャン・アヂベコビチュ責任教授とマリナ・サヴィンツェヴァ日本法・マスメディア研究所長であった。後者は会議運営を支え、裏方を務めていたが、前者の発言に「ロシア人は法律を守らなくてもよければ守らないですまそうとするが日本はどうか」「大統領の権限が項目にして五〇〇以上もあるからプーチン大統領も多すぎて苦労している」というものがあった。

前者については日本側学者たちも、「日本でも法律を守ろうとするかどうかは人による……」と苦笑せざるを得なかったし、後者についてはプーチン大統領がそれらの権限を駆使して、自分に批判的な傾向の新聞やテレビ局を金が効く場合には買収し、それが不可能な場合にはその他の方法で圧力を加えていることを今回サンクトペテルブルクとモスクワで出会ったメディア関係者たちが口をそろえて話してくれた。このことはロシアでは露骨になされているだけで、日本でも潜在的にある。だが、今日のロシアでそのような発言が個人レベルの会話であるにせよ、可能になったのはソ連時代には考えられなかったことである。

日本人のロシアイメージの第一は『戦争と平和』のトルストイや『桜の園』のチェーホフに代表される文学作品、第二は世界最初のマルクス主義国家ソ連の社会主義、第三は最近の北方四島領土問題の政治的対立に代表される時事問題によって形成され、領土問題が最近のメディア報道では多いこともあって、全体としての好感度は中国、北朝鮮、韓国などと並んであまりよろしくない。

だが、ロシアの国土は世界最大であり、その地下には天然ガスをはじめ、多くの資源が眠っているだけではなく、日本とはほとんど地続きといえるほど近い隣国である。今回あらためて感じたのだが、戦後日本の過度とも思える米国依存による結果だろうか、日本におけるロシア法の研究者はわずか二〇名ほどだという。

しかも専門講座をもつ大学も国立では西から神戸、名古屋、東京、東北、私立では早稲田など小数で、他所では「民法」や「行政法」、「比較法」などの一般科目を担当しながらロシア法を研究している状態。今回のような日露会議も二〇年ぶりとかで、これではまだまだ日露間には崩れにくい「民際」関係ができているとはいえず、各界からの地道な支援が望まれる。

（二〇一三年一〇月二日掲載、原題は「憲法でつながり　日露「『民際外交』のススメ」）

6　大津いじめ「間接」殺人とネット情報の功罪

この二週間ばかり（二〇一二年七月）の新聞とテレビのニュースの大半が昨年一〇月に滋賀県大津市で起きた中二男子生徒のいじめ自殺事件を取り扱い、先週からはそれにテレビのワイドショーを中心として、「橋下市長不倫騒動裏側」とか「橋下市長コスプレ不倫の真相」（新聞のテレビ欄表現）といった、火つけ役の週刊誌顔負けの案内が並んでいる。

前者は社会の暗部につながる根深い問題だが、後者は「職員の入れ墨を批判する市長が不倫してもいいのか！」といったギャグで笑い飛ばせる程度の、フーゾク好き男の情報漏れ事件で、彼の家族以外には関係ないことだ。

問題は、両者がまったく次元の違うイッシュー（社会的論題）なのに、マスメディアもネットも二つを並列化して情報洪水にしてしまうことで、メディアのオーディエンス（読者・視聴者）とネットユーザーの両方から等しく時間を奪い、日本人の集団的知的思考が劣化していくことにつながっている。もちろん、それについても、読むか読まないかは利用者の自由だとか、民主社会が耐えるべき必要悪だというオトナの立場も成立するが、無定見な世論調査結果が示すように、そうしたパターンでの時間消費を強いられた人々の大半が今の日本経済が迫られているグローバルな対応や国会での税金・年金あるいは原発再稼働といったこれからの国民生活に枢要な議題への関心を薄くさせられ、政治の茶番に不感症になっているとすれば、重大な国家的／国民的損失だし、メディアによる犯罪ともいえるものだ。

今度の大津事件の中学には筆者の三人の子どもがかつて通い、授業参観にも行ったことがある。また事件の主導的加害者とされる男児の近所に筆者も住んでいたことがある。おまけに、今の住居は担当警察署の真ん前で、付近を空撮するヘリコプターの騒音にも迷惑したし、通勤途中に通る当該中学の出入り口には取材記者（とりわけ週刊誌記者）が生徒の登下校を待ち受けている。当該校教職員にも知り合いがいるが今は事態が過熱し、本来の教育活動がしにくい状態にあるそうだ。また、この騒動が収まっても文部科学省主導で急ごしらえの抜け殻的組織だけが残るだろうことも確実だ。

公平のためにいっておくが、今回の事件でも、マスメディアは遺族の動きと弁護団のネット発信情報を全国に知らしめ、最初は取りあげなかった警察や文科省も動きはじめた。同時にネットには無責任情報もあふれ始めたが、問題はこの熱気がそのうちに冷めて、また同じ不条理が静かに復活し、いじめ自殺／殺人が続くことだ。そのパターンを止めるには、事件の背景を公開するとともに問題を拡散させず、教育現場をふくめ、直接的起因者を確定し、責任を取らせることだ。それは福島の原発事故処理にも通じ、その意味ではネットの果たしている役目にも評価すべきところがある。

ネットには事件のクラス担任や加害生徒の名前や自宅の写真、ＰＴＡ会長だった親や県警幹部の祖父などの事件相関図などまで記され、とばっちりを受けている関係者も多い。対して、少年法と人権を順守する新聞記事には制約が多く、全体構図がチンプンカンプン。テレビや週刊誌には局所を誇大化した報道が多く、感情的に断罪するネット情報が俗受けする。

問題が社会全体にわたるときにはその解決には強制力を持った組織的対応とそれに直接関係した人たちの社会改革思想に裏打ちされた行動が同時に必要だ。文部科学省は「児童生徒の心に響く道徳教育の推進」を目的とした「道徳教育実践研究事業」を立ち上げて補助金助成し、二〇一〇年度から二年間、当該中学校もこの指定校になった。その活動方針の一つに「身近な不正に目をつぶらず……いじめをなくそう！」とある。しかもそれが文書報告としても刊行された。自らの学校の実態に目をつぶった欠陥報告ともいえるが、文科省にもそれを是とした責任がある。つまり今回のケースでも補助金を貰った側だけでなく、制度を作ったただけで何の目的で補助したのかの倫理哲学がない役人たちの常態にも相当な問題がある。

今検証すべきはそうした「自分だけ良い子ぶり主義」が日本社会の各レベルに横溢していることで、その中でワルどものターゲットにされ罪をかぶせられたり、殺されたりする者はたまらない。また巷では、最近の政治家はなっていない……という議論がよく聞かれるが、その政治家たちを選び、彼らの横暴を許しているのは自分たちだという反省が私たちにはあまりない。身近に起きていることを少しでも謙虚に眺めてみれば、自分が意識しないだけで、自分が間接的にいじめる側に立っていることがなんと多いことか。

（二〇一二年七月二五日掲載、原題は「大津いじめ自殺事件 ネット情報の功罪」）

第三章　メディアの世論形成力学

1　有権者の判断に資する選挙報道とは？

衆議院が一七日（二〇一二年一一月）に解散され、一二月四日公示、一六日の投開票が決まった。街中では政党の街宣車が走りまわり、メディアのニュースも政党の合従連衡を含む選挙中心である。

今回の解散は各社の世論調査のすべてが民主党の政権転落の可能性大を示しているなかでのものだったから、メディアの見出しは野田佳彦首相による「自爆解散」「バカ正直解散」などとなった。後者は安倍晋三自民党総裁との党首討論の中で、小学校時代の通知簿の担任の評言「野田君は正直だ」まで持ち出しての解散日宣言から来ている。総選挙は小学校児童会の選挙とはちがうのだから今回の野田氏の言動にはあきれるばかりだ。

だが、報道の多くも野田氏と安倍氏の演説手法や第三極／第四極との絡みといった政治力学を各陣営の支持率とともに論評、解説するいつも通りのやり方だ。それらはドラマを見ているようで一時的には楽しいかも知れないが、日本を託せる政党と政治家を選べる基礎データがそこにあるとは思えないし、実際にもない。

ましてや、「維新」創設者の橋下徹氏が他党との協力のための候補者決定はジャンケンで……といったとかで、テレビが「みんなの党」の渡辺代表が怒っている形相を大写しにするにいたっては、テレビ自身がそうした編集と情報提供で有権者を貶めてきたことをまず反省すべきではないのかと思う。

望ましい選挙報道とはどういうものか。民主と自民の二大政党の過去一〇年を見ただけでも、主要政治家の出入りと毀誉褒貶が激しい。政党の合従連衡でも橋下徹大阪市長率いる維新と石原慎太郎前東京都知事の太陽の党、減税日本との絡みなどにも同じことがいえるし、野田首相と民主党のウソは解散時期の約束ごとなどではない。三年前の選挙で、民主党は脱官僚・増税反対、無駄遣い廃止のクリーン政治の提言で反自民の勢いに乗り政権奪取をしたのだから、それらのマニフェスト条項違反こそが最大のウソなのだ。

確かに、個々のスター的政治家とその動きについての時事的材料を提供し、後は有権者の判断に任せるという報道手法は外国でも見られる。だが、そのやり方からはグローバル化社会で日本と日本人がどう生きていくべきかの指針が見えてこない。どの党と誰が「選良」であるかを判断させるだけの基礎情報が有権者には見えにくいからである。その意味では今日の政治的混迷の責任の一半はメディアの側にも確実にある。

日本の選挙報道は公職選挙法（以下、公選法）によって規定されており、その第一四八条（新聞紙、雑誌の報道及び評論等の自由）には「新聞紙（これに類する通信類を含む。以下同じ。）又は雑誌が、選挙に関し、報道及び評論を掲載する自由を妨げるものではない。但し、虚偽の事項を記載し又は事実を歪曲して記載する等表現の自由を濫用して選挙の公正を害してはならない」とある。

公選法は「選挙が……公明かつ適正に行われることを確保し、もって民主政治の健全な発達を期する」（目的条項）ものだから、他の条項にある「一定期間以上の定期発行実績」を持ったメディアであれば、事実に基づく評言と提言については文字通り「自由」に報道できる。

それでは現在の日本での政治的争点とは何か。税と年金問題は三党合意で枠組はできたから、残るのは原発の安全性問題とエネルギー戦略、外交と防衛の指針、TPP（環太平洋戦略的経済連携協定）の是非を含む経済政策が中心となるだろう。

誰も政治家が国益のために一時的な「嘘」をついても責めはしない。たとえば、米国トルーマン大統領は第二次世界大戦の終結と処理についてソ連のスターリンを交えて話し合う日程を、国内日程の多忙を理由にして一九四五年七月まで延期し、盟友チャーチルまで欺した。実際の理由は原爆実験の成功を待って、戦後処理についての対ソ連交渉を有利にするためであった。そして投下の直前に英国の同意を取りつけていたことが後の公文書公開で今では明らかになっている。

欺されたチャーチルには「真実はあまりに貴重なものなので、嘘という護衛に四六時中守られている」という発言があるが、これに比べると野田・安倍両氏の議論はあまりに低次元で情けない。今、「総選挙」をネット検索すると今度の衆議院議員選挙よりもAKB48の人気投票のほうがヒット数もコメント数もはるかに多い。やはり、日本社会はどこかおかしい。

（二〇一二年一一月二八日掲載、原題は「望ましい選挙報道のあり方」）

2　メディアの中の三・一一震災一周年への違和感

震災（二〇一一年）から一年、三月一一日前後各一週間の日本のテレビのヘッドラインと新聞の一面には東日本大震災関係のものがずらっと並んだ。毎年八月になると一五日をはさんで戦争に関する記事や番組があふれる現象を「八月ジャーナリズム」と呼ぶが、戦争や震災をそのように取り上げ、減災と住みやすい社会建設のための「共有知」「公共知」を増やすことにはそれ相応の意味がある。しかし、戦争で親を亡くした子どもには年の区切りがなんの慰めにもならないように、わずか数回でも今次の激甚被災地を訪れ、地元住民とその惨禍を報じたメディア関係者と話し合った体験からいっても、大手メディアによる東京発アプローチにはかなりの違和感を覚える。

筆者はその一一日から四日間、台湾メディアの日本観調査で台北にいた。技術の進歩で一週間五チャンネル分を丸ごと録画する機械が個人購入できる値段になり、それを二台備えたおかげでこの原稿が書けるのだが、東北の現地は目に見えるガレキこそ暫定移動されたとはいえ、今なお「災害一周年……」などという「部外者」的発想で元の家族と近隣者たちとのかつてあった日常生活へ戻れる目途が立っているわけではない。「マイナスからの出発」が始まったばかりで、全国メディアが伝えるほど復興が進んでいるわけではないのが現実だ。

メディア研究者の大石裕は「現実」の理解には①社会の「現実」②メディアの描く「現実」③市民（オーディエンス）が頭の中に描く「現実」の三つをつきあわせ分析する必要があるという（『戦後日本のメディアと市民意識』ミネルヴァ書房、二〇一二年）。その視点からいえば、それら三つの「現実」に学び、将来を見据えた諸施策の代行実施を有権者から委託されているはずの政治家たちの国会論戦は、「メディアの描く現実」のレベルでの人気取り競争ばかりではないのか。もちろん、私たち市民の側もメディアから日々提示される「現実」から、想像力を働かせ自分が被災した場合の「現実」までの知的訓練をしておかないと大変なことになる。市民の側のそのような備えや作業の積み重ねのみが「情報リテラシー」を高め、緊急時に強い社会形成を底から支え、自己の安全保障にもつながるし、実際につながっている。

言うまでもなく、グローバルに展開する現代社会は個人が直接に経験できる範囲をはるかに超えたものだから、自らの安全と安心は信頼できるメディアの存在なしには確保できない。そうしたメディアの大切さを知るための教科書になり得る番組がこの災害一周年期間に少なくとも三本放映された。そのうち二本がドキュドラマ（事実を基本にしたドラマ、「実録ドラマ」とも呼ぶ。三月四日のテレビ東京系列、六日の日本テレビ系列）、もう一本が人物に焦点を合わせたドキュメンタリー（TBS系列『情熱大陸』）で、いずれも自ら被災した二つの地元新聞社（河北新報社・石巻日日新聞社）とその記者たちの獅子奮迅のはたらきを映像化したものだ。活字になった原作を読めば、さらに多くのものが伝わってくる（『河北新報のいちばん長い日　震災下の地元紙』文藝春秋、二〇一一年、『6枚の壁新聞　石巻日日新聞・東日本大震災後7日間の記録』角川SSC新書、二〇一一年）。

阪神淡路大震災（一九九五年一月一七日）に際しての地元神戸新聞と災害時の相互援助協定を結んでいた京都新聞記者たちのジャーナリスト魂と友情は一年前にフジテレビが感動的なドキュドラマ『神戸新聞の七日間～命と向き合った被災記者たちの闘い～』（二〇一〇年一月一六日放映、櫻井翔、吹石一恵主演、萩原聖人らが出演）とした。今次の諸作品でも避難所に翌日から届く新聞や玄関口に貼られた壁新聞がそのエンドユーザーである読者／被災者との間の、食糧と水と同じレベルの安心感をもたらす「ライフライン」になっていたことがよく描かれていた。

だがメディアには描ききれない事実も多い。その一つが津波についてよく言われた「黒い水が襲ってきた」という表現。筆者が現地の人たちから教えられたのは、人間がたくさん住んでいるところの海水が黒かったのは日頃の人間活動の結果できた海底の汚泥が津波で巻き上げられ押し寄せたという自然からの仕返しだったという「現実」。台湾は最大の民間義援金を送ってくれたが、日本での東日本大震災一周年期間に台湾メディアが大きくとりあげた問題は養豚業者が赤身肉をたくさんとるためのステロイド系薬を飼料に混入しているというものなどであった。その同じ紙面での日本の三・一一震災関連記事では日本人の真面目さへの称賛が原発事故での政府公式発表への懐疑とともに小さく報じられていた。

（二〇一二年三月二一日掲載、原題は「三・一一ジャーナリズムへの違和感」）

3　中央省庁からの批判と日本メディアの対応

五月二日付（二〇一二年）各紙朝刊が「財務省、朝日に抗議文　HPに掲載」などと報道した。四月五日の朝日新聞朝刊一面の連載初回「民主党政権　失敗の本質」中に事実誤認があり、同省が抗議、訂正を求めたが、朝日側は「自社の取材情報と認識の違いがある……」として対立しているというものである。

財務省ホームページと当該記事を確認すると、前者には同省「大臣官房文書課広報室長」による「朝日新聞報道局長」宛の文章があり、朝日記事中の同省勝栄二郎事務次官らの言動描写が事実ではないとの例示が並んでいる。政治／行政組織とメディアには緊張関係が必要で、被取材者がメディアに対し、反論や抗議をすること自体は民主社会の健全な姿である。しかし、事実に基づかない報道、その逆の政・財・官の権力機構による事実の隠蔽や歪曲は国民利益に反する「犯罪」であると筆者は考える。

問題の第一は事実とは何かということだが、抗議文冒頭に「……当該報道に関しては、当省幹部の氏名を引用されていますが、当該関係者は一切取材を受けておりません」とある。しかしこの記事は一般的にいう時事「ニュース」ではなく、マニフェストを守れない民主党と財務省との関係の「背景説明」である。どの報道機関でも社説や解説では、それまでの社内蓄積データが不足しているときにのみ再取材をする。加えて、国家財政の要である財務省には大手報道機関はどこも複数名の記者を常駐させ、多様な方法で常時「取材」している。当該記事に登場する財務官僚と歴代政権の有力者がその直前に直接の取材を受けていなくても、それを「取材なし」とは言わない。

戦後日本のどの政権も予算編成の実務は財務（旧大蔵）官僚依存である。政治家は自己利益から注文を出し、官僚はそれに応える見返りに省益拡大と定年後の天下りを図り、その結果が現在の一〇〇〇兆円近い財政赤字である。野田佳彦民主党政権もその路線で財務省とチークダンスをしている。筆者は民主党を財務副大臣として支え、現在内閣官房参与の峰崎直樹氏とは三〇年来の知人だが、氏の発行するメールマガジン「官邸お庭番日誌」を読めば、日本の政治と経済の深刻な問題点がよく分かる。

また筆者はかつて、防衛庁とならび、日本でもっとも守秘義務に忠実であると考えられている国税庁が移転税制（多国籍企業への課税制度）規定を意図的に誤用して特定企業情報を親しい関係にあるNHK記者にリークして政治操作、午後七時のニュースにさせたことを米国連邦裁判所で証言したことがある。そうした情報操作は今の財務省にも確実にあるから、「個別事実」にたとえ解釈の違いがあったとしても朝日新聞記事はストーリーとしての「真実性」を外してはいない。

企業や政府の広報担当者は記者が誤解しないように「選んだ」データをつけて丁寧に説明しようとするが、彼らのそうした「努力」は別の表現では「記事誘導」とか「演出」である。それは広報学の常識だから、今回の財務省抗議文末尾の「記事中に〈担当記者の私はまったく予想しなかった。〉との記載がありますが、客観報道を旨とする新聞報道の記載としては如何なものかと思われます」という部分は官僚がよくやる「素人だまし」だといってよい。

当の財務省広報職員や記者／ジャーナリストといった情報のプロフェッショナルにとって、社会問題に関する記事に「算数的公平」などあるはずがないことはイロハの「イ」だ。ということは財務省がこうまで記さねばならないほど、朝日記事の見出し「脱官僚 財務省と握手」が現在の財政政策に関する政・官関係の暗部を衝いた内容であったということだし、そんなことはどんな本にも書いてある（大下英治『財務省秘録 大物次官、大臣らの証言で綴る』徳間書店、二〇一二年、など）。

一方の朝日には、レッドパージで潜伏中の日本共産党幹部伊藤律と宝塚市の山林で会見したという虚偽記事（一九五〇年）、自社カメラマンが沖縄県西表島で珊瑚に「KY」などと傷つけ、その写真をもとに「ダイバー達の低モラルぶり」と報道した「やらせ」（一九八九年）などのひどい犯罪があるし、取材不足記事は今もひんぱんにある。また、日本のマスメディアと国家組織とは、最終的に北海道新聞社が警察に謝罪し結着させられた道警裏金報道問題、記者を退職させた沖縄返還時の毎日新聞社のケースのように、最後は双方とも制度内機関として「国益」の論理で手打ちをし、関係したジャーナリストを干してしまった。そうした現実の力学があるのだから、市民の自己防衛はメディア提供情報の識別能力（メディアリテラシー）の向上しかないことになる。

（二〇一二年五月一六日掲載、原題は「核心ついた記事?·朝日VS.財務相の本質」）

4　オウム事件報道のテレビ的可能性

この一五日（二〇一二年六月）、阪神・淡路大震災（一九九五年一月）二か月後の三月、東京の地下鉄サリン事件を起こして殺人容疑等で指名手配され、一七年間も逃走を続けてきたオウム真理教元信者の高橋克也容疑者が警視庁に逮捕された。これによって一連のオウム事件の容疑者すべてが拘束されたわけだが、元教祖の麻原彰晃（本名・松本智津夫）死刑囚を含むこれまでの関連裁判からこの件も有罪が予想される。そのため、事件そのものが「新奇性」というニュース価値を失い、メディア的には終息しつつある。

だが、事件報道の社会的意味が実相を知らせ、同種事件の再発防止に寄与することにあるとすれば、逃亡犯の逮捕などは新たな「勧善懲悪物語」の登場と一時的な安心感以上の意味をなさない。加えて、この事件が人々を救うべき宗教団体によって起こされ、今なおサリン中毒後遺症等で苦しむ人がおり、当時の幹部信徒が「アレフ」や「ひかりの輪」を名乗って同種の活動を続けているのに、事件そのものについて現在三〇歳以下の人たちはほとんど知らない。その意味でこの事件は現代社会の人々の知識が輪切り状態になっていることを示している。ネットへの過度の依存層はネットという現代の「パノプティコン（完全監視型刑務所）」の面会室を、自由言論の場だと錯認していたに過ぎないのだ。

だから、どのメディアもそうだが、一時的に事件首謀者の麻原教祖の異常性とそのフォロワーをセンセーショナルに取りあげるだけだからだめなのだ。またオウムを称賛してゼミ生をそこで修行させた宗教学者に今なお宗教解説をさせているメディアがあるのもいただけないし、オウムの広報マンであった上祐史浩氏（ホーリーネーム：マイトレーヤ＝弥勒菩薩）のメディア批判を弁護し、今なお恥じらいもなく言論活動しているメディア学者も存在するのだから誰もが注意しなければならない。

最近、オウム問題で注目すべきテレビ番組が二つ放映された。一つはＮＨＫが麻原死刑囚の未公開説法テープを下敷きにしたドキュドラマ（事実をドラマ手法で演出した作品、「実録ドラマ」とも呼ぶ）『未解決事件File 02 オウム真理教』と題した三部構成番組と、視聴率の取れる『ニュースの伝道師』として評価されている池上彰氏の『学べるニュース 緊急解説 オウム高橋容疑者逮捕！』（テレビ朝日）である。

ＮＨＫの番組宣伝にはこうある。「教団内部の七〇〇本を超す音声テープと元幹部たちの証言をもとに、教団の暴走への軌跡を初めてドラマ化……世界初の化学テロ〈サリン事件〉がなぜ起きたのか……その〈闇〉に光を当て、後世への教訓を導きたい」。ここにある「闇」は大きな事件が起きるとメディアが「そこには深い闇が……」などとの表現を多用し、そこで思考中断させてしまうときの常套句で狭い手法である。案の定、このＮＨＫ番組も残虐事件は麻原師の独裁的主導で、詭弁を弄してメディアで教団を擁護した上祐氏などを被害者として描いていた。そのため、筆者にとっては挿入された教祖の肉声説法のみが貴重な資料であった。

一方の池上彰氏番組は図解を多用し、数人のタレントを前に解説をするいつものスタイル。この人は元ＮＨＫの「週刊こどもニュース」のお父さん役だけあって、教団設立以来のオウム活動史をよくまとめていた。だが、「伝道師」のいうほど①事実は単純ではないし、その内容も②過去の歴史を学ぶことはよりよい未来をつくるためだとの姿勢が希薄であった。また両番組とも教団脱退者を助けた坂本堤弁護士一家の殺害（一九八九年）はＴＢＳが取材で得た弁護士による批判談話映像を教祖とのインタビューを実現したいがために事前に教団側に見せ、それがきっかけで起きたことにも触れないなど自己省察と反省がない。

これら二つの番組に比べると作家の村上春樹氏が地下鉄サリン事件被害者を訪ね歩いた記録本『アンダーグラウンド』（講談社、一九九七年）の仕事は奥が深い。またこの事件以来、日本における科学ジャーナリストの育成も叫ばれてきたが今度の福島原発事故（二〇一一年）でもその教訓が生かされていないことが露呈した。問題が知識だけではなく、社会に対する姿勢にもあることが理解されていないからである。

手元にオウム真理教出版部が発行した二冊の本がある。一冊は矢上直樹著（一九九五年）『サリン日本ゆくえ知れず』、もう一冊がブック＋カセット複合商品（一九九五年）『巨聖逝く――悲劇の天才科学者 村井秀夫』で、地下鉄サリン事件発生直後に相次いで出版されている。前者は教団自身が自衛隊や米軍ヘリからサリン攻撃を受けた被害者だといい、後者は麻原師がマンジュシュリー・ミトラ（普賢《ふげん》菩醍の意で教団科学技術大臣村井秀夫氏のこと）を激賞しているがともにとんでもない代物だ。

また麻原師は上祐氏や村井氏に仏教でいう菩薩の名前を与え、本人らも至福に酔いしれ、部下支配を「楽しんで」いたようだ。しかし現在、日本世論を二分している原発問題でも原子炉の一部に「文殊（もんじゅ）」とか「普賢（ふげん）」などと菩薩の名前がつけられているる事実は私たち日本人の多くがオウム的な信的構造に弱いと権力者たちが見下していることの実証であり、じつに腹立たしい。

（二〇一二年年六月二七日掲載、原題は「一連のオウム事件検証の意味」）

5 閣僚、国会議員の靖国参拝と中韓の反発

四月二一～二三日（二〇一三年）の靖国神社の春季例大祭期間に合わせて、麻生太郎副総

理などの四閣僚を含むおよそ一七〇名の与野党国会議員が同神社に参拝し、安倍晋三総理も「真榊（まさかき）」と呼ばれる供物を奉納した。これに対し、中国・韓国両政府とその国内メディアが猛反発し、予定されていた外交日程だけではなく、民間レベルでの観光訪問などにも影響が出始めている。

対して、批判された日本側の安倍総理は「（中韓の）脅しには屈しない……」（予算委員会）、高市早苗自民党政調会長は「（参拝が）外交問題になること自体がおかしい……そんなことで慰霊のあり方が変わってはいけない」（都内での講演）との言葉を返し、菅義偉内閣官房長官は「閣僚や国会議員としてではなく、私人としての参拝……」（記者会見）などと、紋切り型の国内向け対応で刺激を弱めようとした。

中韓両国は日本にとって経済発展だけではなく、安全保障にとってもきわめて重要であり、三国の関係枠組みがこれ以上揺らぐことは避けねばならない。そのために今、メディアは何ができるのか。

根本問題は靖国問題が関わるとなぜ、中韓はそれほどまでに反発するのかということである。筆者は一九七二年の日中国交回復の前年、日本卓球協会代表団の一員として訪中した。その時に面会の機会のあった周恩来総理（当時）は日本には自衛権があり、軍隊の保持が問題ではなく、過去の清算が必要だ、中国は戦争の計画実行者と兵士を区別していると言った。

北朝鮮には一九七六年以来四回行ったため、私は盧泰愚政権の成立した一九八六年まで韓国へも入国できなかったが、その韓国の対応も靖国問題では中国・北朝鮮と類似である。

中韓の共通認識はA級戦犯（戦争開始と作戦の共同謀議をした人びと）を許さない、B級（戦時下の残虐行為を指揮した人びと）、C級（残虐行為を実行した人びと）についてはその事情を斟酌する……というものである。日本批判は三国間の関係変化に対応して強弱がついてメディア報道される。それが政治学でいう「国家ナショナリズム（state-nationalism）」とメディアとの関係で、北朝鮮国民でさえ、実際に話してみると、一般日本人に対する民衆の日常生活的ナショナリズムとしての「敵意・憎しみ」はその官製メディア報道ほど強くはない。

メディアは常に報道対象の特徴を際だたせ、オーディエンス（情報受容者）の注目を得ようとする。反対に、ネットは大統領や首相の発言を一個人の発言と同列化してしまう。だから、北朝鮮の最高指導者金正恩第一書記による「米軍基地がある日本も攻撃対象にする……」との発言が伝えられれば、安倍内閣が対応し、「在日特権を許さない市民の会」（略称：在特会）が北と南をいっしょくたにして、「在日韓国人をテポドンにくくりつけ、韓国に撃ち込みましょう！」などとデモし、その両者が同次元で巷の話題になる。政治的発言の自由はできるだけ許容されるべきだが、在日者の多い地区で、「新大久保のゴキブリの皆さんこんにちは！」「朝鮮人を殺せい！」と叫ぶデモまでコメントなしで報道するのは「メディアの自律（self-discipline）」の自己破壊である。

中韓が政権幹部の靖国参拝を認められないのは国の建設がともに日本の軍政から脱却して可能になったからである。日本政府の閣僚や議員が軍政の推進者を慰霊することは建国を否定されたことになり、自国民も許さないからである。同時にそれが外交カードにもなるのだが、その構造は日本政府が「表向き」に天皇批判を許さないのと同一である。

このことは親日的だとされるミャンマーのスーチー氏が韓国の歴史認識に理解を示したこととも通底している。相手は「日本が植民地時代にいいこともした……」ことなど百も承知だ。加えて、欧米列強がその植民地で現地人に教育を与えず、過酷な政治を実行し、生命さえ奪ったことも事実だし、ニュージンジャーがそのことを書いている（Newsinger. 2006. *The Blood Never Dried: A People's History of the British Empire*）。また韓国はかつて派兵したベトナムで残虐な行為をしたし、中国はチベットや内モンゴル、新疆ウイグル自治区で同じことをやっているのも事実。だからといって、そんなことが日本の言い訳になるはずがない。

主要新聞社と放送局が加盟している日本新聞協会倫理綱領（二〇〇〇年改訂）は「加盟社はあらためて新聞の使命を認識し、豊かで平和な未来のために力を尽くすこと」を誓っている。ならば、ネット時代の今日、意図の有無は別にして、東アジア諸国、諸国民の相互の信頼関係をどのようにして確立するかを、情報提供の国家ナショナリズム的平準化の危険回避とともに考えることこそメディア関係者には大事であろう。

（二〇一三年五月一日掲載、原題は「靖国問題 ネット報道で先鋭化」）

6 セーシェル・中東から見る日本の国際報道

九月六日（二〇一三年）に成田空港を発ち、西インド洋の小国セーシェル共和国とアラブ首長国連邦（ＵＡＥ）の主要構成体アブダビとドバイに会議と調査で、一〇日間滞在してきた。三〇年以上前からこれら地域を何十回も訪れており、メディア界だけではなく政治・経済界の要人にも多くの知人がいる。現地滞在中は日本の新聞各紙の電子版を読んでいたし、帰国してからも現物で確認したが、この間の日本メディアの最大の話題は二〇二〇年夏季五輪の東京開催決定と内戦の続くシリアの化学兵器問題での米露の駆け引きであった。

もちろん、どこの国のメディアも読者・視聴者に身近な題材を取り上げるのは当然だし、一般の生活者はどこでも平穏な暮らしが保障されておればそれ以上をあまり望まないのがふつうだ。だが、彼我の知識人の問題意識には違いがあった。加えて、日本ではマスメディアとりわけ新聞とＮＨＫへの信頼度が他国に比較して高いのだが、そこに人びとの知るべき題材がどれほど取り上げられているかという点ではいささか心許ない。

今度の訪問先だけではないが、たいていの国では①一般生活者②知識人③政財界要人④メディア関係者がそれぞれに異なった社会認識をしているが、そのことは多くの人たちの共通知識となっている。たとえば、この一一日と一二日にはドバイで西インド洋諸国による第三回海賊行為防止会議が開催され、ソマリアの人びとへの食糧や教育、インフラ整備予算として三億五千万ドル相当援助などの決議がされた。その基本枠組みの提案を行ったのがセーシェルの国土保全・海賊対策担当ジョエル・モーガン大臣であった。

日本セイシェル協会理事長でもある筆者はこのモ大臣とは昵懇で、出発前のあわただしい時間であったが夕食をともにし、事後公開の約束で当該演説の予定稿を渡された。この会議のことは一三日付けのUAE現地新聞で詳報されているがエネルギー輸入のシーレーンの安全確保で恩恵を受ける当の日本では目立った報道はない。ところが、ネット検索すると、米露などによる「海賊」退治というイメージでの、ソマリア人「海賊船」撃沈の動画まで日本語でアップされている。人間は極限生活を強いられれば一部が生きるための略奪行為に走るからその根本的解決には生活支援による社会の立て直ししかないという視点が日本での報道にも外務省のホームページにもない。ネット書き込みの大半もその傾向を引き継いでいる。

もう一つのシリア化学兵器問題でのセーシェルやアブダビ現地の知識人・ジャーナリストの見解はアラブ諸国が化学兵器（別名：貧者の核兵器）を持つのはイスラエルの核兵器への対

2013年9月13日付けガルフニュース紙のアラビア語版と英語版一面

抗措置であり、今回のロシア提案に米国が乗ったのは、米国のいう人道的……というのはかつてのイラク戦争への介入理由の虚偽からにわかには信じられず、第一のイスラエルの保護、第二の米軍事産業の育成という二つの成果目標のうち、オバマ政権は前者を実現し、プーチン大統領は世界にその政治力を見せつけ、ともに中国の出番を封じることが出来た痛み分けであると辛辣であった。

実際にこのスタンスは一三日付けガルフニュース紙英語版一面が「オバマは威嚇外交を止めよ」との記事とアブダビ皇太子＝UAE国軍副司令官がロシアでプーチン大統領と投資協定に調

印したことを写真入りで報じている。ところがアラビア語紙面の一面トップは上記皇太子とプーチン大統領との握手写真入り記事で準トップが米露外相の笑顔の記者会見写真である。つまり自国民向けには族長の有能さが米露実務代表者の会談よりもプロパガンダ（宣撫工作）として優先され、諸外国向けには米露の手打ちで、当面は中東からの石油輸出保障もできたというアラブ圏向けシグナルとなっている。

この件での日本メディアの報道は日米パートナーシップの枠組みで苦慮する日本の政権が、ロシア提案が国連による保障を展望していることに安堵した印象を与える、いわゆる「客観報道」に徹していた。裏を返せば、見通しが示せない日本メディアの自信のなさを露呈していた。

東京五輪については筆者が出会った知識人たちはみな国際ニュースにアクセスしており、東京五輪決定の祝意を挨拶代わりにしてくれた。だが、現地紙報道ではほんの小さな記事で、一般人はほとんど知らず、それが諸外国の日本観であると妙に納得した。

（二〇一三年九月一八日掲載、原題は「中東で見えた心もとない日本の報道」）

第Ⅱ部　情報デモクラシー

第四章　知ることと知らせること、その権利と義務

1　TPPと国民利益に資する機密情報管理

二〇一三年一月六日、自民党の高市早苗政調会長がフジテレビ系列番組「新報道二〇〇一」に出演し、環太平洋戦略的経済連携協定（TPP）の交渉参加問題について「参加しながら守るべき国益は守る。これは内閣が決めることだ」と述べ、いよいよ安倍政権が動きだしたとして各メディアが大きく取りあげている。

TPPについての態度は大企業主導経済団体が賛成、国内農林水産関係団体が反対とはっきりと色分けされている。輸出入依存業界と国内農業存続・地産地消原理を拡大したい農水産品関係者の対立ということだが、衣食住の問題は人間の幸せに直接に繋がっている。同時に、その衣食住を直接的に支える素材の多くがすでに輸入に依存し、その実行に必要な経済力は工業製品の輸出によって得ているという否定できない事実がある。

問題の解決は至難ということだが、今できることは事態打開によって出てくる犠牲を最小にすることであり、それを期待されているのが選良である政治家と施策の実務的遂行者であ

る農林水産省とその公務員である。つまり、タフな交渉をし、国民の幸せを向上させるのが彼らの仕事だということだが、肝心の当該官庁がサイバー攻撃を受け、TPP交渉に関する機密文書二十数点を含む延べ三千点以上が海外に流出した疑いのあることがこのほど分かった。

報道によれば、公用パソコンが遠隔操作され、海外のサーバーと通信している痕跡が見つかり、昨年四月の日米首脳会談とその前年一一月のアジア太平洋経済協力会議(APEC)首脳会議の直前に作成された文書が狙われたという。しかしこの問題の深刻さは盗まれたことだけにあるのではない。これまでも自衛隊や警察庁情報が外部からのパソコン侵入で流出したことが教訓として生かされておらず、さらにはこうした流出問題が電気情報の処理次元に限定され、人間による多層的な諜報行為である「ヒューミント」への対策がそれ以上に軽視されていることだ。

国家に機密があるのは当たり前のことだし、国家がその流出を防ぐこと(防諜)はそれが国民の利益に適っているかぎり許される。問題とすべきは「機密告発サイト・ウィキリークス」のような団体や個人が、コンピュータによる情報の蓄積、伝達の高速化と大容量化を利用して無原則にそれらを公開してしまいかねない状況が出来ていることと、その新奇性に目がくらんで、一部マスメディアがこれまた無原則にそれらの生情報を拡販してしまうことだ。

私たちが今度のＴＰＰ情報の流出問題から学ぶべきことは世界を動かし、相手より有利な立場に立つには①適切な防衛力②裕福な経済力③豊かな知識と情報に基づいた交渉力が必須で、それらを④倫理的かつ相手からの尊敬を勝ち得ながら実行する能力の不可欠性である。それらが国家を単位とした現行グローバル社会のベストミックス力学であり、外交に行き詰まった時の解決手段が武力戦争しかないという愚行の時代ではもはやないということの証左でもある。

より根本的にいえば、国家や企業の場合には「機密指定」情報が関係組織のトップにとっての利益だけで決められ、公共善という視点からの検討がなされにくいことは先の原発事故でも明らかになった。この秘密保持体制は一部権力層の金儲けに利用されるだけの悪質なものとして、別途の検証が必要だがもう一つ注意しておきたいことがある。

それは米国の一流大学の大学院や研究機関に日本の省庁の若手が留学して執筆する学位論文の内容である。現地の指導教官から日本での所属省庁の所管条項に関する研究テーマを与えられ、「職務上知り得た情報」を使って博士論文とする者が少なくない。その指導教授が間もなく政府機関に転職しそれを利用する。さらには留学した人物が帰国してからも米国で作られた人間関係から日本政府の機密情報をさし出している例がいくつもある。

ロシアや中国などの旧社会主義国やイスラエルには魅惑的女性を使った「ハニートラッ

プ」があり、世界に冠たる一流大学を擁した米英には生身の人間やメディアを利用したヒューミントがあるということだ。後者が話題になることはあまりないが日本の国益損壊には甚大なものがある。つまり今度の事件は多くの機密流出経路の一つにすぎないということで、何が国民を欺くことになり、国民の生命と財産を危険に陥れかねないかの検討こそが必要なのだ。とすれば、TPP関連情報の漏洩の背景には権力層のおごりと国民軽視があることになる。

（二〇一三年一月七日掲載、原題は「政府の機密情報管理と国民利益」）

2　米国情報収集システム「プリズム」の波紋

六月五日、六日（二〇一三年）の英紙ガーディアンと米紙ワシントンポストが米国政府のCIA（中央情報局）とNSA（国家安全保障局）による市民の個人情報収集が「プリズム計画」と名づけられ実行されているとの告発報道をした。米国の主要インターネット業者の協力で蓄積されたメール・写真・動画などのすべてが閲覧可能だとのことだが、九日にはその告発者である元CIA職員、エドワード・スノーデン氏がホンコンで、自らその市民情報収集保管作業に関わっていたと名乗り出た。

続いて、米国との情報連携の強い英国ではロンドンで開催された最近のG20会議で、開催地の英国が各国代表の通話や会場内喫茶室での会話の秘密録音などをやったことが問題になり、韓国でも政権による個人情報の政治利用が再問題化している。さらにはスノーデン氏がホンコン滞在だから最近の米中首脳会談でハッキングを注意された中国側が今度の告発に関係しているのでは？　などと、世界中が興味津々である。

秘密の情報活動を暴露された米政府当局は彼をスパイ活動取締法違反容疑などで訴追した。それを逃れようとス氏はモスクワに移動し、三年前に同種の騒ぎとなった機密告発サイト・ウィキリークスの弁護団が助言しているとか、まるで『００７』の世界である。

オバマ大統領はネット情報へのアクセスはテロ防止のために議会の了承を得た合法的なもので、個人の通信内容まで集めてはいないと弁明したが、米国だけでなく、どこの国の情報当局もポストがすぐ変わる政治家には本当のことは伝えない。大統領といえども知らされていないことがあるということだが、米国人もこうした情報収集について、五九％が「反対」（ラスムセン社調査）という意見と、六二％が「テロ防止活動はプライバシー保護より重要」（ピュー・リサーチ・センター）とする意見が拮抗している。

スノーデン氏は民主社会では権力が秘密裏に市民の情報を探ることは許しがたいといい、一方で執権者たちは社会の安全にある程度の情報収集はやむを得ないとする。だが、市民の側も権力による市民生活への介入の是非だけを表面的に議論しているだけではだめで、今大切な認識は国民主権の政治形態を確保しつつ、安定した社会の繁栄をグローバルなレベルでいかにして維持していけるかの「情報リテラシー」（情報環境の設定、情報の読み解き方と対処法・発信法）を私たちはどうしたら身につけられるかということである。

国民から支持され、その範囲で権力執行を任された者が行政の効率化と社会の安定のために当該社会の不穏な動きを観察することは当然であるし、社会の規模が大きくなれば、それが組織的になされることも必然である。問題は適切な情報が集められ、それらが公正に運用されているかどうかだ。正しく機能しておれば、執権者による社会的不条理解消への助けとなり、反対にそれが悪用されれば民衆弾圧の独裁的権力の登場となる。

最終的にはデモクラシーとは何かという基本問題に行き着くのだが、米国が収集した情報は英仏独などと共有され、日本もその恩恵に与っている。つまり、それらの諸国からも米国に役立つ情報が「リターン」として渡されているとみるのが自然だ。分かりやすくいえば、私たちの知らないうちに私たちについての情報もまるごと米国に渡っているということだ。

元内閣参与で軍事アナリストの小川和久氏が公言しているが、日本の自衛隊が傍受した東アジア情報はそのまま米国に渡されている。外交と防衛においての日本の独立性はないということだが、問題は国際ビジネス情報までが米当局に渡り、それが大型の国際商談時に米国企業に漏れている可能性も高いことだ。つまり今のままでは日本にはまともな国際ビジネスさえできない危険があるということである。

また、今回あまり議論されていないが、ス氏がブーズ・アレン・ハミルトンという大手民間コンサルタント会社からのNSAへの出向社員であったことだ。つまり、全世界に衝撃を与えている米国の恥部情報がいとも簡単に民間人が持ち出せる状態で扱われているのだ。一昔前、「エシュロン」（ECHELON）という情報傍受体制が米国中心で作られ、英国・カナダ・オーストラリア・ニュージーランドが参加、独伊やギリシャ・トルコ、それにアジアでは日韓が協力しているとして、国際政治学や情報論の専門家の間で話題になった。今度は技術の進化で「プリズム」と呼ばれるインターネット情報の収集システムが構築され、議論されているだけで社会情報の流通枠組みは何も変わらず、権力者たちが市民の情報面を丸裸にできる仕組みの中で私たちは「生かされて」いる。

（二〇一三年六月二六日掲載、原題は「国家による情報収集は必然である」）

3 「秘密保全法」とメディアの自由

メディアの取材・報道関連で話題になっているのが一〇月（二〇一三年）に召集予定の臨時国会で、政府が成立を目指している通称「秘密保全法案」である。現在の政党の勢力図式では公明党と連立した政権与党がそれを正式に国会上程すれば、原案どおり可決される可能性が高い。だが、これまで日本新聞協会や日本弁護士連合会などがこの法案が国民生活に危険かつ報道の自由を侵害するものだとして批判してきたのは政府による戦前の言論統制の再来ではないかという危惧があるからである。

法案提出側にもその怖れを払拭する必要があり、座長の町村信孝元官房長官が記者会見で、「メディアの正常な取材活動については問題が起きないようにしたい」と述べ、翌日には菅義偉官房長官も、「安全保障に関する情報を厳重に保護するための法案で、国民の知る権利や取材の自由への影響を考慮しながら進めていく」と発言した。

なぜ、これが報道に関わる記者たちを不安にさせ、関係団体が懸念を持つかといえば、明治憲法（大日本帝国憲法）第二九条には「日本臣民ハ法律ノ範囲内ニ於テ言論著作印行集会及結社ノ自由ヲ有ス」とあったのに、治安維持法や新聞紙条例（一八七五年公布）、新聞紙法（一九〇九年公布）等によって、新聞やラジオ（当時は旧NHKだけ）は厳しく統制され、現実に『蟹工船』などで知られる作家の小林多喜二（一九〇三〜三三）などが特高警察に虐殺されるといったことが起きているからである。

確かに戦前と今では違い、現在ではあらゆる次元の情報が実質的にネットに流出し、国防上の極秘情報でさえ、誤った秘匿であれば、義憤にかられた公務員が告発サイト「ウィキリークス」などに漏洩する。そうした時代に、国家は国民の安全を守るためと称する情報の管理をこんどの法案でどの程度まで目的通りに効果的に管理できるのか。

その前に社会情報をめぐる国民と国家との関係原則の確認が必要であろう。その第一は、国家には一定期間という条件付きで、外交や防衛に関する情報を独占的に保持しなければならない責任があるが、それは具体的にどういう情報をいうのか、第二に、それらの情報は国民の知る権利の代行が期待されるメディアと報道機関としてのプレスにどこまでの取材、報道の自由が許されるのか、第三は、民主主義社会の健全な維持と発展のためにどのような情報政策が今の日本に必要なのかということである。

一と二は密接に関連しているが政府案には「安全保障に関して特に秘匿が必要な情報を漏えいした公務員らに対し、最高で一〇年の懲役刑を科す」などとある。この条項によってすでに一九七〇年代初めに沖縄返還時の日米密約の一部を毎日新聞記者が外務省職員から入手したことが公務員に秘密開示を「そそのかした」ということで有罪判決が出ている。つまり、すでに先行実施されているということで、どのような情報がこの場合の「秘匿すべき情報」で、記者たちがどのようにそれを入手するかの判断が当該政府組織との力関係によって決められ、取り締まり側が何でもできるザル法だということである。

このあたりのことを記した法案条項の解説には「本法制の特別秘密は、国の安全、外交並びに公共の安全及び秩序の維持の分野の秘密情報の中で特に秘匿性が高いものであることから、同法第五条第三号（国の安全等に関する情報）及び第四号（公共の安全等に関する情報）の不開示情報に含まれるものと解される。すなわち、本法制により保全される特別秘密は、そもそも情報公開法の下で開示対象とされる情報に該当しないことから、同法により具体化されている国民の知る権利を害するものではないと考えられる」と「知る権利」が一蹴されている。

今の日本社会とくに若者の間にはこうした話題は「重い話ですが……」という言い方で切り出しにくくなっているし、実社会で苦労している大人たちの多くは社会学でいう「合理的無知」（自分ひとりが頑張ってもどうにもならないから知ることをあきらめること。一九五七年、アンソニー・ダウンズの造語）で、沈黙しやすい。だが、法律はいったん決まるとその変更は簡単ではない。また歴史の教訓からいっても、権力者と官僚はそれを必ず悪用する。

一方で、国税関係でも記者発表されない、守秘義務のある情報で、納税企業にとっての好ましくない情報が記者との人間関係と「あうんの呼吸」で外へ出され、スクープとなることがしばしばある。脱税報道での「……がわかった」、「関係者によれば……」といった記事のほとんどがそうである。犯罪報道などでは各社とも「報道の手引き」などで、リーク（秘密情報の意図的提供）の書き方について記者研修で教えている。しかし実際には官庁とメディア企業に都合のよい情報だけが外へ出され、オーディエンスが社会を誤解するという構造がある。

（二〇一三年九月四日掲載、原題は「秘密保全法は本当に必要なのか」）

4 「神政」国家、バチカン市国の機密文書

今月（二〇一二年七月）七日付け産経新聞本紙でも、「法王庁 権力闘争の影 バチカン機密文書漏洩」などと大きく報じられ、一〇億とも一五億とも言われるカトリック信者の総本山が揺れている。長年法王の身の回りの世話をしてきた元執事が法王庁（正式名称は「教皇庁」）の公共工事で不透明な発注をしていたという告発情報がリークされ、機密告発サイト「ウィキリークス」に模して、バチリークス（vatileaks）と呼ばれ、メディアの格好の話題となっているわけだ。

宗教団体であろうが慈善団体であろうが、その運営に民主社会の常識としての倫理、善悪の基準に違反することがあれば、その批判は当然である。団体にはその維持に必要な独自の管理基準が「部分社会の法理」としてある程度まで許される。とはいえ今度の場合のように、法王庁内部の資料、それも主としてローマ法王ベネディクト一六世宛の書簡や報告書で告発された不正について、法王庁幹部が直そうとしないからその是正のために外部にリークした

人物をバチカン裁判所が「窃盗罪で禁錮一八カ月」を宣告したことは公益通報者への処罰であり、「社会善優先」の立場からは問題だと断言できる。

バチカンは通常「バチカン市国」といわれ、イタリアの首都ローマの一角に位置し、誰もがほぼ自由に行き来できる。人口も司祭たちと最低限のセキュリティ関係者のわずか八〇〇人（二〇一一年）ほどの世界最小国家だが、信徒への影響力が無視できないから日本もその「国土」近くに大使館を置いている。バチカンが宗教組織であることは確かだが、「自国」の制定した法律による自治は固有の権利であるとはいえ、同時に、その他の一般国家と同様、そこで人倫に反したことが執権層によってなされていれば、それは専制的反民主国家だとして断罪されるというのが現行政治学、倫理学の到達点である。

加えて、バチカンの政治執行には一般国家以上に大きな制約があるといえる。第一、「神からすべての権能を与えられた」法王の指導する執権は神聖かつ倫理的でなければならないこと。第二、バチカン市国は全世界のカトリック信徒の心の王国であり、選ばれた神の使徒八〇〇人のための単なる集金装置であってはならないこと、などである。

だが実際の法王庁の過去の歴史的言動には自らの権威と正統性の確立のために偽書まで作り（クレメンスの手紙やイシドールの偽書など）、共産主義に対抗するヒトラーのナチスを応援し、その末期にはその幹部を信徒組織によって南米に逃がしていたことなど、研究者には常識である（ジェームズ・カラン『メディアと権力』論創社、二〇〇七年、第二章を参照）。だが公平のために言っておくが、仏教やイスラム教でも同種の偽書、偽言による権威の確立手法の実行がないわけではないし、一般国家の成立についても神話が作られ、社会統合のシンボルにされていることについては大同小異である。

しかし今度のバチリークスにはコミュニケーション論としてあまりにも幼稚な議論がある。たとえば、法王庁が文書リーク者を窃盗の罪で訴えたこと自体滑稽だが、被告の執事が「文書をコピーして外部のジャーナリストに渡しただけで、オリジナル文書を盗んだわけではない」と抗弁したこともまさに「お笑い」だ。オリジナルの紙媒体「文書」が大事ではなく、その文書に書いてある情報こそ問題なのだから、リークされた情報が内容的に「真正」であれば、対象となる「情報は盗まれた」ことになる。だが、より重要なのはここには全体として社会の不正をなくすにはどうしたらいいのという視点が欠落していることである。

日本では公益通報者保護法（内部告発者保護法、二〇〇四年六月成立）が少くとも表面的には、「不正を組織内部から告発した人を解雇や不当な扱いから守る」としているように、法王庁に自浄能力がなければ、全世界の信徒の浄罪の正当使用のための情報リークには正当性があり、処罰などできないということになる。さらには事件を報じる各メディアがバチリークスを法王庁内部の権力争いであるとして興味本位で取り扱っているのもいただけない。

それだと、法王庁も「私益目当ての言動」を「国益のため」と称しているそこらあたりの政治家たちと同じレベルになってしまい、子どものケンカ程度の解釈と議論のレベルに落ち入る。今度のｉＰＳ細胞開発の問題でも偽学者が現れたが、社会科学の方法には①統計や歴史的文書などの資料を使う②論理的正しさに基づいて哲学的な組みたてをする③社会の不条理を見つけてその解消を図る方法を探るといったものがあるが、いずれもその根底として真実性と人倫的正当性が求められる。

（二〇一二年一〇月一七日掲載、原題は「人倫的正当性を欠く〈バチリークス〉」）

5　表現の自由と発信者の言論責任

バブル経済真っ最中の一九八〇年代末、高級和牛のオーナーになって稼ごうと呼びかけた和牛預託商法最大手の畜産会社「安愚楽牧場」（栃木県）が二〇一一年に四千億円超の負債を抱えて破産した。バブルに踊らされた庶民投資家が犠牲になった経済事件の一つだといってしまえばそれまでだが、メディア学、コミュニケーション論からは見過ごすわけにはいかない事件である。

二月一八日（二〇一三年）、債権者三〇人が政界転出前に経済評論家であった海江田万里現民主党代表が雑誌などで「リスクはゼロ」「知る人ぞ知る高利回り商品」などと同社の株式購入を推奨したから買ったが損をしたという理由で、氏を相手取り、計約六億一千万円の損害賠償訴訟を起こした。民事の損害賠償裁判など数え切れないほどあるが、訴えられたのが政界のキーパーソンの一人で、理由が破産会社への出資を促した主張の責任を問うものだとすれば、表現の自由の枠組の下での発信者の社会的責任とは何かという普遍的問題に関わってくる。

法的には現行民法に依拠した裁判所の判断が下されるが、表現の自由の今日的規定は二〇〇年以上前のスウェーデンや米国建国時の憲法修正第一条に記されたのが文章としては最初だ。だがこれとて、歴史家のC・ビアードが米国のケースで論証したように、対立相手への誹謗中傷であふれた新聞発行に代表される当時の政治的対立集団の利害調整のためにやむなくできたもので巷間いわれるほど立派なものではない。しかし今回の問題の背景には、発話者の表現の自由と受容者の判断責任という、日本国憲法二一条にいう「結社及び言論、出版その他一切の表現の自由は、これを保障する」との文言では想定していない実態があることも事実だ。

メディア倫理学では、第一、何人にも言論・表現の自由はあるが、第二、メディアでの発言には「自由で責任ある言論」が求められ、第三、その主張を掲載したメディアにも相応の責任が及ぶ。そのことに日本型自由経済原理と受容者責任の存在を併せて考えれば、市場社会で一〇〇%の保障がある経済行為などあり得ない。そうしたあり得ないことを「リスクはゼロ」と主張した海江田氏は無責任極まるということだ。

　つまり、報じられているようなことを海江田氏が実際に言ったとすれば、それが「自由」であると認められるのは日常会話だけで、企業宣伝の片棒を担いで企業から報酬を得て呼びかけるのは「倫理放棄」の言論だということだ。一方、市場原理としてあり得ないことを欲にかられて、信じた購入者責任（caveat emptor、買い主による危険負担）も存在する。メディアとそれを使った発話者にはともに責任は生じるがそれは倫理的なもので、同程度の責任は商品の購入者、今回の場合では安愚楽牧場への出資者にもあるという法理展開も可能になる。

2012年度に自民党各支部に掲示されていたポスター

　今回の海江田氏の場合には投資者の集まった安愚楽牧場主催のパーティなどでも同じ発言をし、それらの言動が雑誌などに写真付きで宣伝に使われていたから、確実性のないキャンペーンへの加担として、通常のテレビＣＭへの無原則なタレント参加にも通じるが、そのレベルさえ超しただましの部分があることは否めない。つまり氏の言論活動は法的には重いのだが、政界のキーパーソンとしては軽すぎるということだ。問題はその程度の人物が日本の前政権政党の現代表だというところに私たちの不幸がある。

政治的公平のために言っておくが、現政権政党の自民党でもつい先だってまでの野党時代、党が設置した全国の広報板に張り巡らしたポスターに「ウソつかない。ＴＰＰ断固反対。ブレない。日本を耕す自民党」と書いていた。民主党は政権を取る前に言っていたマニフェスト項目をいくつも破ったうえに、執権無能力ということで政権の場を去ったが、言動無責任という点では自民党も似たり寄ったりというわけだ。

筆者がメディアに望みたいのは国民の負託を受けて政治をするものにそうしたごまかしをさせないチェック機能の発揮である。細かい政策の実施は臨機応変でよいが、本当に大事な政治条項である外交（対米国・中国・韓国・ロシア）、防衛（軍事と諜報）、経済（ＴＰＰに代表されるグローバル化経済への対応）の三つの基本については、誰についても政党政治の駆け引きや朝令暮改的な言動があれば、それらをきびしく戒めてほしいのである。

（二〇一三年三月六日掲載、原題は「海江田氏に見る政治言動の無責任」）

6　報道の自由と政党の取材拒否の権利

六月二六日（二〇一三年）、参議員本会議で野党共同提案による安倍晋三総理への問責決議案が可決され、国会が閉会した。結果、審議中の電気事業法改正法案などのすべてが廃案となり、政界は事実上の選挙戦（参議院、七月二一日投開票）に突入した。筆者は仕事上、主要局の全番組を録画しているが、この日のテレビニュース、翌日の新聞各紙のすべてがこのトピックを扱っていた。ただ、いずれのメディアもその報道内容にもそれほど違いがあるわけではない。しかし自民党はなぜかＴＢＳ（関西ではＭＢＳ／毎日放送）のＮＥＷＳ23についてだけ、「（廃案の）責任がすべて与党側にあると視聴者が誤解するような内容があった」「わが党へのマイナスイメージを巧妙に浮き立たせた」と主張、翌二七日から同局への抗議を開始し、参院選公示日の七月四日、それまでに「誠意ある回答」が得られなかったとして、同局による取材受付の停止を通告した。しかし翌五日には「ＴＢＳから事実上の謝罪があった」として、被取材の再開を自党のホームページで公表した。

事態がくるくる変わり、筋立てがわかりにくいのだが、ＴＢＳがあいまいな対応をした結果、自民党はＴＢＳの偏向イメージ作りに成功し、国民の多くは報道の自由と政党の取材拒否の権利の存否という国民主権のポリティカルシステムである民主制にとって、きわめて重要な問題の議論の機会を奪われた。問題の第一は、自民党が被取材再開理由として「事実上の謝罪」があったとしていること。自民党の五日付公式サイトには経過説明とともに、六月二七日の西野智彦報道局長宛ての抗議文、二八日の『ＮＥＷＳ23』南部雅弘プロデューサーからの回答文、二九日の南部プロデューサー宛ての抗議文、七月五日の西野報道局長からの回答文が掲載された。

これら一連の流れからは、ＴＢＳがいくら「謝罪していない」といっても、その行動と文言中の「問責決議可決に至る過程についての説明が足りていなかった」、「今後一層様々な立場からの意見を、事実に即して、公平公正に報道して参る所存……」との表現は自局の非を認めたものである。だが、放送内容が外部から法的に拘束されるのは放送法とそれに関連した諸規定を通してのみであり、筆者が点検した七分あまりのＴＢＳ映像と、膳場貴子キャスターと岸井成格両コメンテーターの発言部分にそれらに觝触するような瑕疵はない。放送法一条の二「放送の不偏不党、真実及び自律」にも、同第三条の二「意見が対立している問題については、できるだけ多くの角度から論点を明らかにすること」という「多角的論点の保障」条項にも違反していない。にもかかわらず、外部からは「謝罪としか思えない」対応などしていてはメディアの自立性への信頼度が落ちるばかりだ。

問題の第二は、テレビ局や新聞が放送法に舐触せず、公選法に認められた範囲内での取材と報道を拒否する権利を政党や政治家は持っているのかということ。国政は国民全員に関わる事象を扱っているから、国民の委託を受けてその議論をする政治家はまごうことなき「公人」である。また日本人の時事問題の知識の大半はマスメディアに依存している。そうした状況下で公人である参議院議員を選ぶ選挙において、正当な理由なしに政党や候補者が公選法上の要件を満たしたメディアの取材拒否をすることは国民主権を維持する選良の選出活動を妨害することであり、拒否の権利などあるはずがない。今回、それが公然となされ、真摯な議論なく終息したことこそ民主制の危機だといわねばなるまい。第三は、他のメディアがなぜか、今度の自民党によるＴＢＳへの取材拒否についての「事実経過」報道はしても、それらが結束して「言論・表現の自由＝報道の自由」を守るための活動をしなかったこと。たとえば、昨年二月には産経新聞が「夕焼け番長」をもじって、民主党前原誠司政調会長（当時）を「言うだけ番長」と呼んだことに端を発し、前原氏が産経からの取材拒否をしたときにはメディアはいっせいに反発して前原氏にそれを撤回させた。

一九七二年の沖縄返還と米・中・日の国交正常化問題にからみ、佐藤栄作総理が辞任会見で、全新聞を「偏向」呼ばわりしたとき、各社はそろって会見場から退席して抗議した。メディアは事実の間違いを報道した場合以外は、『週刊朝日』による橋下徹大阪市長の出自への言及といった差別を助長するようなケースを除き、解釈の違いについて、抗議への反論はしても謝罪などすべきではない。権力者、社会的強者への迎合は報道機関の存立基盤を揺るがし、最終的には民主社会の基本である多角的言論の保障を危うくする。

〈二〇一三年七月一〇日掲載。原題は「報道の自由を危うくしかねないＴＢＳの〈謝罪〉」〉

第五章　メディアの倫理

1　欺し取材と公益目的取材の違い

今月三日（二〇一二年一二月）、四月に華麗な結婚式を上げた英国ウィリアム王子の妻キャサリン妃の懐妊が王室広報部から発表されると同時に、つわりがひどく、しばらくロンドン市内の病院で静養するというニュースも流れた。

結婚式は英国王室のイメージ向上のために計算しつくされ、人々のとびつくメディアイベントとして世界中で大きく報道されたが、結婚後の妻の妊娠は自然なことであり、日本でのニュースの受取り方はスターのおめでた程度の話題であった。だが、大英帝国時代から続く英連邦関係地ではそうではない。王室／皇室の話題は世界中どこでもトピックが何であれ関心を引くが、まして英国の場合は王位継承権につながっていることもある。早くも翌四日早朝にはオーストラリアの人気ラジオ局「2DAY FM」の男女DJがエリザベス女王本人とチャールズ皇太子、それに愛犬の鳴き声まで真似して、キャサリン妃の入院先に「私の孫娘の様子を知りたい」などと電話し、病棟に電話を取り次ぐよう依頼した。電話を受けた看護師はその「なりすまし電話」をまにうけて担当看護室につなぎ、夫君のウィリアム王子の見舞いの様子やキャサリン妃の容態などが聞き出された。

しかもその電話の一部始終が放送に使用するための素材として録音されており、さらには放送直後にその局のホームページにアップされ（現在は削除）、「世紀の冗談……」などと自画自賛していたという。一部聴取者にはそうした放送の仕方が受けているのだろうが、権力悪をジャーナリストが暴くためなら弁護の余地もあるだろう。しかしこの場合は悪ふざけが過ぎる。そしてそのことがネットの話題になると七日には最初にその電話に出て、担当室に取り次いだ女性看護師ジャシンサ・サルダナさんが悩んだ末に自殺してしまった。

オーストラリアの放送は二〇〇五年に政府から独立して設置されたメディア委員会（Australian Communications and Media Authority）によって監理され、放送の公共性や公益的利用をかかげ、虚偽報道や人権侵害、差別の助長などの規制をしている。だから、今度のような偽電話取材など認めているはずもないどころか、一九九二年制定の電波法や倫理規定では取材する相手にはそれが取材であることとその公開の可能性を伝えることを求めている。

そうした規定があろうがなかろうが、常識的にメディアの社会的機能を考えても、今度のラジオＤＪたちの行為とそれを流した局の瑕疵、それも「間接的殺人」の罪は免れない。問題はそうした取材法と放送内容が現在、世界中に少なからずあることだ。

今回のように人の命まで奪うことがなくとも、軽はずみなメディア関係者の言動がメディアへの人びとの信頼度を低下させ、民主社会の要であるはずのメディアとジャーナリズムを貶め、メディアに対する人びとの冷笑（シニシズム）を増幅する。その結果、マスメディアはいざというとき、市民から見放されてしまい、市民は身のまわりのことを主たる関心とするソーシャルメディアに過重依存しはじめ、両者の特徴を生かすことを相互に妨げている。

先にもふれたが、メディアとジャーナリストが公益原理から究極的な場面での権力悪暴露をするには、その情報開示の意味を考え抜いたうえで、身分を明かさない、ときには身分を偽っての取材を許される可能性のあり得ることは、麻薬取り締まりをする警察によるおとり捜査が許されるのと同様、検討されるべき余地は残しておくべきことだ。

問題は今回のような事例が少なくないことで、日本だけではなく世界中で、メディアの視聴率、聴取率競争の激化が一般人には考えられないような取材法によって得られた放送素材を増やしている現実がある。そのことが同時に主流メディアから人びとが逃げ出し始めていることと、アスリートたちの努力の結果が画面に出てくると信じられているスポーツ番組への傾斜を促している。

「ペンは剣よりも強し」ということわざは一般に「言論は武力よりも強い」というジャーナリズムへの期待として語られることが多いが、語原的には、「権力は武力でなくとも、紙一枚で処罰することができる」とか、「言論表現は剣よりもむごい」との脈絡でも使われている。今度の事件は現代社会におけるペン＝言論活動の本質的意味を問い直すいい機会を私たちに与えてくれている。

（二〇一二年一二月一二日掲載、原題は「ジャーナリズムおとしめる偽電話」）

2　ヘイトスピーチは表現の自由にあらず

この一〇月七日（二〇一三年）、京都地裁は京都朝鮮学園が「在日特権を許さない市民の会」（桜井誠会長、二〇〇六年年一二月結成、以下、在特会）による学園周辺での街宣活動の禁止や計三千万円の損害賠償を求めた裁判の判決において、学園は北朝鮮の「スパイ養成機関」といった在特会の示威・言論活動（〇九年一二月）が国連人権条約による「人種差別」に該当するとしてそれらの活動禁止とともに計約一二二五万円の賠償金支払いを命じた。

判決はこの条約を援用し在特会の言動を「ヘイトスピーチ」（憎悪表現）、「ヘイトクライム」（憎悪犯罪）とした日本初の事例であったから、新聞も放送も大きく扱った。だが、肝心の表現の自由とは何かが深く議論されないままで、それを報じるメディアに寄せられた識者からも表現の自由を守るためには今度の判決は必ずしもプラスにはならない……という意見まで出ている。

さらには日本では上級審にいくに従って政府／権力者たちの意向に沿う判決に修正されていく傾向がある。また、ヘイトスピーチは処罰すべきという上記条約の規制条項も法的に具体化していないから、最終判断がどうなるかは分からない。しかも在特会は当該裁判の提起後も東京の新大久保や大阪の鶴橋などのコリアンタウンで数百人規模のデモを続け、「新大久保のゴキブリの皆さんこんにちは！」「在日韓国人をテポドンにくくりつけ、韓国に撃ち込みましょう！」、はては「良い韓国人も悪い韓国人もどちらも殺せ」、「いつまでも調子にのってたら、南京大虐殺ではなく〈鶴橋大虐殺〉を実行しますよ」と書いた横断幕を持ち、マイクで叫び、訴えられた京都での言動と同種の示威活動を継続してきた。

プレスの自由は民主社会の維持に不可欠だが、それを法律として最初に保障したのは一七六六年の北欧スウェーデンの憲法に加えられた条項であり、現代に続く言論の自由論の先駆けである。その後、米国も建国にあたり、憲法修正第一条で「信教、結社、言論、示威・請願」等の自由を保障したが、そこにはドイツの歴史哲学者ヘーゲルが「世界史とは自由の概念の発展にほかならない」（『歴史哲学講義』）といったような高尚な哲学はなく、利害で対立する政論をまとめるための苦肉の策であった。

その他の国でも表現の自由を標榜しながらの無茶苦茶な議論が横行したから、そうした条項の拡大解釈を防ぐために一八一四年にノルウェーが自由の乱用を制限する法律として、「故意に、かつ明確に、法律違反をそそのかしたり、宗教や道徳、合法的な権力を侮辱する記述をしない限り、あるいは他人についての虚偽や名誉毀損をしない限り、何人もどのような内容であれ、印刷されたり、公表されたりした記述のために処罰されることはない」との条項を定めた。

今日のジャーナリズム論や学界での「自由な言論の中から最後は正しい言論に落ち着く」という「自由解放論（libertarianism）」や「思想の自由市場論」はすでに法理論として二〇〇年も前に否定されているわけだ。つまり、表現の自由は人類社会の進歩を保障するという責任を伴うものだと認識されていたということだ。

そのことはナチスドイツがユダヤ人を「ドブネズミ」、日本による英米の「鬼畜」、連合国による日本人の「サル」呼ばわりだけではなく、その後もルワンダにおけるラジオによる対立部族殺害扇動（一九九四年）……など、ヘイトスピーチのもたらす悲惨な事例に事欠かない。また日本の真珠湾攻撃（一九四一年）の報復と米国によるヨーロッパ戦線への参加に国民を導いた演説「真珠湾を忘れるな」の当該表現の直後に「日本人を殺し尽くせ」と続き、その心的構造が原爆投下の世論形成の下地にもなっている。

在特会の人たちは朝鮮学園が市立公園を運動場として使っている事実を知らせるために過

激な表現をした、韓国などでも日本人を殺せ……といった示威表現をしているなどと抗弁している。こうした思考とヘイトスピーチの発出者がなぜ否定されるべきかは一九七〇年代、八〇年代に日本の演劇界に衝撃をもたらした劇作家の故・つかこうへい（在日韓国人で、本名：金峰雄）が語ったつぎのことばに明らかだ。「人生とは、何をはしたなく思うか、恥と思うか、それだけです。恥のない人間は、日本人だろうが韓国人だろうが、クズです」（『娘に語る祖国』光文社刊）。　（二〇一三年一〇月一六日掲載、原題は「〈ヘイトスピーチ〉がもたらす悲劇」）

3　イスラム「冒涜」映画と「表現の自由」の限界

今（二〇一二年秋）、『お人好しのイスラム教徒達』（Innocence of Muslims）と題した米国映画が国際的な問題になっている。映画本編は今年はじめに米国ハリウッドで一度だけ上映されたが注目されなかった。しかし、その予告編（といっても一三分もある）がユーチューブにアップされるとアラブ諸国を中心に猛烈な反発が出始めた。二〇〇一年の米中枢同時テロ事件一一年目の九月十一日にはリビア東部ベンガジの米領事館が民衆に襲撃され、居合わせたC・スティーブンス米国大使と随員三名が殺害され、そうした抗議活動がイスラム社会全体に広がりつつある。

国連総会は毎年九月の第三火曜日にニューヨークで開会するが、そこでもイスラム圏の首脳たちが当該映画を取りあげ、米国が「表現の自由」を理由に野放しにしていることを批判した。そうした動きの加速に、再選運動中のオバマ大統領も内容的不適切性を認め、クリントン国務長官は代理でイスラム諸国を回り、米国的言論の自由の説明と陳謝をして歩かざるを得なくなった。

当該予告編はイスラムの預言者ムハンマドの言動を揶揄したものだが、砂漠を出演者が歩いても砂の上に足跡が残らない、つまりコンピュータによる映像の稚拙な合成だし、内容もじつに馬鹿げている。

たとえば、冒頭でアラブ風白装束の集団が商店を略奪し、十字架をつけた女性を殺す。それを見て怖がる娘に父親が「人間プラスX＝イスラムテロリスト」「イスラムテロリストマイナスX＝人間」とボードに書いて教える。その直後にペドファイル（幼児性愛者）のイメージを付与されたムハンマドが教典で禁止された骨付き豚肉（と思われる）にかぶりついたり、若い女性との性的行為や不服従者の虐殺をするシーンが続く。

映画はこのように一面的かつ荒唐無稽でばかばかしいものだが、唯一の神アッラーの教えの「預言者」がそのように描かれ、その映画が一部で高まる米国の反イスラム運動と連動しているのだから、「中東〈反米動乱〉にお手上げの米国〈イスラム冒涜映画〉の重い後遺症」

（『選択』誌二〇一二年一〇月号の目次）となっても不思議ではない。だが、当該映画は米国も加盟しているユネスコが一九七八年に制定した「平和と国際理解の強化、人権の拡大、人種差別・アパルトヘイト・戦争扇動への反対のためのマスメディアの貢献に関する基本諸原則」にも違反している。

そのような大仰ないい方でなくとも、人間の社会的言動には責任が伴うという単純な原理を思い出すだけでよい。日記の読者は自分だけだから、そこで何を書いてもそれは自由だ。しかし対外的に発信したものについてはその想定到達範囲に比例してその責任が大きくなる。だから表現の自由が何をいってもよいことではないことは名誉毀損罪や株取引に影響を与える偽情報が証券取引法違反罪として刑法規定されていることからも常識だろう。

今度の映画の場合、イスラム教徒のすべてがテロリストだというプロパガンダ（宣撫工作）、歪曲情報だから批判すべきは当然だ。が、それ以上に深刻なのは、米国の一般人の多くが、キリスト教徒が十字軍で罪のない中東の人たちを一〇〇万人以上殺した事実（少なくとも中東の人たちはそう教えられている）を知らないことだ。その点では現在の日中韓の領土紛争議論の背景にある日本人の歴史的自己認識の無知と無反省にも似た面がある。

一方で、言論で批判されただけで、一部イスラム関係者が批判者やその周囲のものすべてを処罰の対象とし、殺害行為にまで走るのもどうかと思われる。今度の件は、二〇〇五年にデンマークの保守系新聞『ユランズ・ポステン』がターバンに爆弾を挟んだムハンマドの風刺画を含む一二のカットを掲載して国際問題となった事件と酷似している。日本でも一九九一年七月、イスラム文化を批判的に描いた小説、サルマン・ラシュディ著『悪魔の詩』の訳者が勤務先の大学内でイスラムの処罰形式で殺害された事件が起き、迷宮入りしている。

大切なのはグローバル化を経済と政治の交錯と権力支配の構造だけで語るのではなく、生まれたときからあたりまえの思想として無意識のうちに私たちが拘束されている生得の文化枠を狭い国益思想から取り出し、グローバルヒューマニズムをベースにした『自由で責任あるメディア』（ハッチンス委員会の報告書名）によって普遍化していくことだろう。

（二〇一二年一〇月五日掲載、原題は「倫理にもとるムハンマド侮辱映画」）

4　国家にとっての秘密と国民の利益

安倍政権が提案している特定秘密保護法案の国会審議が大詰めを迎えている。各政党の動きを中心にこの法案については連日大きく報道されているし、ネット検索をしても山ほどの資料や意見が掲載されている。だが、共同通信社がこの二三・二四日（二〇一三年一一月）に実施した全国世論調査では未だに六二％もがこの法案が通れば国民の知る権利が侵害されると答えている。

この法案の危険性は国家が保有する情報のうち、防衛・外交・テロ・スパイ活動という四分野において、その情報の「漏洩が我が国（日本）の安全保障に著しい支障を与えるおそれがある」と関係役所が判断したとき、それを「秘密指定」できる権利を政府に与える部分にあり、アクセスする権利のないものにそれらの秘密を漏らした場合、当該官僚だけではなく、それを聞いた国会議員やジャーナリストなどまで処罰されかねないところにある。

世界中のどこの国でも国家は国民を守るために一定の範囲での秘密を保有している。個人間でも国家間でも、国家と国民の間でも秘密はないほうが望ましい。しかし、現実の社会には情報を悪用したり、人権を侵害したりする者がいるから、大多数の一般市民を守り、組織を円滑に運営するためには秘密をまったくなしにして円滑な国家運営などできない。つまり、民主国家では通常、名誉毀損とかプライバシーといった権利を個人に保障して社会生活の安寧と調和を図っている。その個人が所属する最大の組織である国家がグローバル化社会で国民の利益を守るために対外的な「秘密」が必要になることは言を俟たない。

問題は誰がどういう情報を何のために秘密とするか、そしてそれらの秘密はいつまで「秘密指定」されたままに置かれるのかということである。たとえば、今度の日本の特定秘密保護法案がモデルの一つとしている米国の場合、特例を除き、たいていの「秘密情報」は二五年で解除される。筆者も仕事上、首都ワシントン郊外のメリーランド州に置かれ、第一次大戦以降の米国政府の秘密ドキュメントを集めた米国立公文書館（ＮＡＲＡ）別館をしばしば訪れている。そこには日本のＮＨＫが敗戦後、米国から放送料までを貰って、米国制作の米国に都合のよい番組を流していたときの料金表や、そうしたことについてＮＨＫの代表が米国政府機関とやり取りしていた手紙まで残され、今、私たち研究者が見られるようになっている。

このＮＡＲＡは米政府がどのようなドキュメントをいつまで秘密にできるかの審査なども行う政府組織の一つだが、よほど習熟していないと、一週間や二週間通い詰めても目的の秘密解除書類にたどりつけないほど所蔵されている元「秘密」が多い。逆にそのおかげで、日本政府が隠している文書もここで多くが見つかるから、発見されるたびに日本のメディアで報道され、日本人が日米関係の真実の一部を知ることができる。

公平のために言っておけば、旧ソ連や現在のロシア、中国などでは国家の秘密についてメディアが問題にすることさえむずかしい。また、米国だけではなく、かつての植民地経営国家である英・独・仏といった諸国には他国支配時の秘密が外へ出てこないことが多い。過酷な植民地政策を実施し、現在もそのことを公式に謝罪していないから、実態が秘密にされたままで公開できないわけである。

日本の戦前もそれと同じで、現在の日本と中国や韓国との関係にもそれが反映している。たとえば、一昨年（二〇一一）は辛亥革命一〇〇周年で、筆者は国営中国中央テレビ（CCTV）の依頼で記念番組作りに協力し、福田康夫元総理などとも対談した。辛亥革命は日本の政財界の協力によって孫文が主導した社会改革であったが、その後の満州事変への対応で軍部の不興をかった犬養毅（一八五五〜一九三二）首相は陸軍青年将校に白昼総理官邸で銃殺される（経緯については、緒方貞子『満州事変』岩波現代文庫、二〇一一年、を参照）。

その後は軍が中国の実状を部外秘にして情報統制し、犬養を暗殺した首謀者も禁錮一五年に処されただけであった。そのことが五年後の満州事変の発端となった。たしかに歴史は立場によってどのようにも解釈できるが、いかなる情報も日本人の幸せと国際平和のために一定期間後に公開されないと私たちは歴史から正しい教訓を得られない。そうなれば、ふつうの人たちが政治参加できず、自分の将来を決める判断材料を持てなくなってしまう。

（二〇一三年一一月一三日掲載、原題は「歴史から得られる教訓　秘密公開が不可欠」）

5　坂田賞とジャーナリズムの振興効果

関西を拠点にした優れた報道活動を顕彰する坂田記念ジャーナリズム振興財団（以下、財団）の活動が今年（二〇一三年）で二〇周年を迎え、三月十三日、新聞と放送の「スクープ・企画報道」と「国際交流・貢献報道」の両部門、そして特別部門として東日本大震災被災地域のメディアを対象とした「大震災復興支援賞」を副賞各一〇〇万円とともに贈った。

特別部門受賞は【新聞】河北新報社＝東日本大震災の被災者らを描く連載「これから～大震災を生きる」▽石巻日日新聞社＝6枚の壁新聞、【放送】福島中央テレビ＝福島第一原発1号機、3号機の水素爆発生映像記録と一連の報道の三者（社）であったが、いずれもメディアの究極的機能が人びとの生命と財産を守ることをそれこそ生命をかけて守り抜いたすばらしい活動実績である。

筆者は縁あって財団発足時から贈賞審査委員を務めており、今回はこの財団の意味とジャーナリズムの質的向上についてオーディエンス（視聴者・読者）は何ができるかについて考えておきたい。

一過性でイベントごとに結成される組織とは違い、継続事業体としてのメディア機関はそのための財源と人的資源である経営関係者・情報発信関係者（主として記者）の連携を不可欠なものとするから、無料での情報提供を永続的に続けることはできない。ネットが社会に浸透し、発信がだれにも容易になったことがマスメディアへの批判を加速化しているが、やはりいざというときの信頼できる情報はプロ集団による、同時大量伝達の可能な新聞やテレビであり、またそうでなければ大規模な社会を円滑に運営することはできない。

メディア批判は必要だが一時的で安易かつ情緒的批判だけではダメである。社会的に有用な情報収集には金がかかる。このことは誰しも分かっているのだが、実際、ネット社会化が日本より早く進行している米国では地域新聞がなくなった地域で公務員の不正行為が増えたという報告さえある。

一方でメディアが営業利益主義に傾斜しすぎているという批判にも反論がむずかしいという現況があるのも事実である。それではメディアの質を維持、向上させるにはどうしたらいいのか。その難問をこじ開ける方法の一つが坂田賞のように良質の作品を社会的に選定、顕彰し、関係者にモデルを提供すると同時に、オーディエンス（読者・視聴者）にも優れたメディア作品とは何かを問いかけることである。もちろん、ジャーナリズム活動／作品の顕彰制度は諸外国にも日本にも少なからずある。世界的にもっともよく知られているのが一九一七年から始まったピュリッツァー賞である。これはセンセーショナルな紙面の新聞事業で莫大な資産を築いたジョセフ・ピュリッツァー二世（一八八五〜一九五五）が自己反省を込めて創始したもので、今なお紙媒体を主たる対象に刺激的な活動を展開している。

ピュリッツァーはまた、民主制度を支えるにはすぐれたジャーナリストの育成が大事だと、コロンビア大学にジャーナリズム教育と研究講座開設の資金を提供し、それが基になって現在、世界に冠たるジャーナリズム大学院が設置されている。それが端緒で、この大学にはその後放送部門にも篤志家の寄附があり、デュポン賞が設置されている。筆者も両事務局を訪れて懇談したが、両賞ともに事務局と審査委員の目配りが行き届き、その実績が米国ジャーナリズムの良質部分を支え、ジャーナリストたちもその受賞を目指してしのぎを削っている。

良質のメディアとジャーナリズム精神がなければ、人びとの幸せどころか物理的安全さえ確保できないという認識がまずなければならない。メディア／ジャーナリズム論の古典である『自由で責任あるメディア』(通称『ハッチンス委員会報告書』、渡辺武達訳、論創社、二〇〇八年)も、良質なメディアの社会的維持のための計一三の勧告を①政府②メディア機関③オーディエンス(視聴者・読者)に対しておこない、市民の側によるメディアの質的判定機関の設置に関し、「私たちはプレスの活動について、年次評価や報告をする独立機関の創設を勧告する」と記している。

この研究・提言書は二〇〇名以上のメディア経営者とジャーナリスト、知識人にインタビューし、四年以上の歳月をかけて完成され、GHQ(連合国軍総司令部)の指導によって日本新聞協会が和訳し、当時の米国の対日メディア政策にも大きな影響を残している。坂田財団と坂田賞はピュリッツァー賞やこの『ハッチンス委員会報告書』とは直接の関係はないが、財団が元毎日放送社長、故・坂田勝郎氏の意志を継いだご遺族による寄附金が原資になっている点で、その設立経緯と活動において、米国の両賞と密接に繋がっている。

（二〇一三年三月二〇掲載、原題は「良質なジャーナリズムを支える顕彰制度」）

6　日韓の相互理解とコミュニケーションの普遍的価値

最近、韓国と日本で二つのメディア・ジャーナリズム研究会議に参加した。一つは五月三一日（二〇一三年）にソウルの漢陽大学で開催された国際シンポジウム「メディア環境の変化とジャーナリズムの危機」、もう一つが六月八日、九日に松山大学（愛媛県）で開催された日本マス・コミュニケーション学会である。

前者には招待講演者として参加し、後者では学会メディア倫理法制研究部会担当理事として、ワークショップ「メディア倫理と公益報道の法理～『週刊朝日』橋下徹大阪市長差別報道を例に」を主宰した。

前者の講演題目は「日本と世界を繋ぐジャーナリズム」で、主張の基本は違う所属地と国籍を持つメディアとオーディエンス（視聴者・読者）がいかにして繁栄・幸福・平等のグローバル社会形成に必要な共通価値を見つけていくかの提言に努めた。マスコミ学会のテーマは橋下氏のようにその出自を理由に差別を受けてきた人が権力を握り、今度は差別する側に回った場合、メディアは差別を助長することも、権力にひるむこともなく社会的不条理の是正を目標にした言論活動をいかに展開できるかという問題への挑戦であった。

今回の二つの会議から明らかになってきたことの第一は、社会情報の質的向上はメディア関係者の努力だけに委せて済ませられる時代は過ぎたということ。たとえば、日本のＵＨＦテレビ局は全国ネットによる情報支配を脱し、地域文化を活性化させるとの合い言葉で作られたが、経営の困難性から現在ではそれらの局のすべてが当該自治体や有力企業からの出資や便宜供与を受けている。その結果、地域貢献を謳ったテレビ局への地域住民の参加は「被写体」もしくは「自治体と地元企業」にとっての「顧客価値」で量られるようになっている。

第二は、グローバルな舞台でメディアとジャーナリズムはどのような普遍的価値基準で活動を展開できるかという議論が希薄であることで、ともすれば、短期的な「国益」思考が「国民益」思考と誤解することも起きる。最近問題になった例では、韓国の有力紙・中央日報が「日本への原爆投下は神が与えた罰である……」とまで書いて、さすがに国内でも顰蹙をかったことに象徴的だ。そこには広島と長崎への原爆が朝鮮人（当時の植民地下で「日本人」として本土へ連れてこられていた）労働者三万人以上を同時に犠牲にしたことなど眼中にないほどの乱暴さである。

その思考法は韓国のサッカー場で「東日本大震災は日本人への天罰……」と書いたプラカ

ードが出された事件にも通じている。日本での最近のスポーツ大会でも問題事例が起きたが、ヨーロッパのサッカー試合では民族差別意識が偏狭なナショナリズムを煽っている。しかし戦前の日本の「鬼畜米英論」が示すように、日本人もそうしたことからの例外ではない。今の韓国メディアと韓国人の心理をそこまで追い込んでいるという自覚がないと相互理解のいとぐちが開けてこない。

第三は、民意は数値的な調査ではなく、社会全体の総合力学としての集合的記憶装置によって決まり、その部分からの見なおしから始めなければならないということ。言い換えれば、メディアは皮下注射的な効果はあるが、メディアを支える良質な市民の普段からの育成こそ大事だということの確認である。たとえば、日本でも韓国でも、あるいは米国でも多くの博物館や顕彰碑があり、それらを訪れる人たちはその設置者の意図した情報を刷り込まれている。専門語で「集合的記憶（collective memory）」もしくは「公共的記憶（public memory）」とかいわれる装置で、人びとの思考枠組み形成がマスメディアによるものだけではないことを表している。

それでは人類社会の普遍的価値とは何か。それには最低限の条件として、プロセスの民主制と弱者・失敗者に対する再挑戦の保障の二段階で考える必要がある。社会情報流通の質的保障にかぎっていえば、C・クリスチャンズの提唱する①長期的な真実性（truth）②人間の尊厳（human dignity）③正義（justice）④可能な限りの非暴力（possible efforts to non-violence）をベースに、⑤地域の繁栄がグローバルな人間の幸福に繋がる形で実現する方策をメディアの業界人と研究者がまず考えねばならないということである。

（二〇一三年六月一二日掲載、原題は「日韓ジャーナリズムの共通使命」）

7　反社会ドラマ『明日、ママがいない』

日本テレビで二〇一四年の正月明け一五日からスタートした水曜連続ドラマ『明日、ママがいない』について、全国児童養護施設協議会（藤野興一会長）と全国里親会（星野崇会長）が第二回放映前日の二一日、東京都内で記者会見し、当該ドラマは施設や里親の元で暮らす子供を傷つけるものだとして内容の改善を求めた。

報道によれば、藤野会長は実際に「赤ちゃんポスト」という施設があることから、「施設の子供が小学校で「お前が主人公か」などと言われたという報告もある」と述べ、星野会長は「差別的な表現が多く、見直してほしい」と訴えた。同協議会や里親会は第一回の放送前から日本テレビに表現上の配慮を求め、協議会では放送後に抗議文も送付したという。

録画で点検すると、初回冒頭で告知された番組提供企業のうち三社の名前が第二回目には消え、その代わりにACジャパン（旧・公共広告機構）などの広告が挿入された。このままでは自社イメージが落ち、「まずい」と考えたスポンサーが逃げたということだが、テレビ番組が関係者を巻き込んだ議論となって報道されるのは番組の質的向上のためにはいいことだ。だが、ともすればこうした議論では批判的に描写された側が反発し、放映側は自社ホームページへの視聴者投稿欄まで動員し、弁解に努め、平行線をたどることが多い。

民放テレビ番組に質的影響を与えるものには大別して、第一、製作局（経営者と企画・制作担当者）、第二、スポンサー（提供企業とそのまとめ役の広告会社）、第三、視聴者の好み（前二者によって想定された市場）、第四、放送局に事業免許を与える政府（電波法と総務省）がある。そこには番組の素材とされた人たちの受け取り方が第一に考慮されることなどほとんどない。前三者が一致してプラスだと考えれば、放映され、なんらかの問題となったときにだけ放送界の自主監理組織「放送倫理・番組向上機構」（BPO）が審議したり、総務省が乗り出してくる。

番組では冒頭から親に捨てられ、新たな家庭からの引き取りを待つ施設内の子どもたちが見捨てた親や擁護施設を強烈に批判する。その言い方が物知り顔の大人顔負けの辛辣さで、施設管理人は非情そのものに描かれる。たとえば、管理人は「お前たちはペットショップのイヌのようにカワイイものから売れるからそのようにふるまえ！」といい、食事の前に、同情を得るための泣き方から笑い方まで教える。それがうまく出来ないと食事を与えないというシーンさえ出てくる。「ペット」扱いされる子どもの中には赤ちゃんポストに「捨てられた」ことから「ポスト」というあだ名のついた女の子が言われるままにそれを見事に演じる。しかも子どもたちだけになるとその世話人をバカにする台詞を吐く。また、愛人との生活のほうが大事だと実の娘を引き取らない母親……と、実社会にはおそらくあるのだろうが、建前としてはマイナス的価値しかないことが興味本位でてんこ盛りになっている。

筆者は実際の番組を見て、その作り方がかつて、貧乏な家庭に生まれた女の子が「同情するなら金をくれ!」といい、それが流行語にもなった『家なき子』（一九九四年、九五年放映、安達祐実主演）とそっくりだと思った。そういえばこれも今回と同じ放映局の同じ脚本家が担当し、いずれもショッキングな子どもの言動に注目させてクチコミ効果が出ることを狙っていた。

広告表現のなかで人目を引きつけ、注目させるための視覚的効果のことを「アイ・キャッチャー」という。そのために使われるのが「3Bの法則」（Beauty 美人、Baby 子どもや赤ちゃん、Beast 動物）。またAIDMAの原則（A＝Attention 注目、I＝Interest 興味、D＝Desire 欲求、M＝Memory 記憶、A＝Action 行動）も使われている。今度の場合、番組全体がそれらの広告効果原理に従っている。

一方で、番組の評価は全体を見てからすべきだとか、視聴者はドラマの表面に惑わされるほどバカではないし、気に入らなければチャンネルをオフにすればよい……という意見もある。そういう視聴者もいるだろうし、考え方もあるだろうが、スイッチをオンにすれば目に飛び込んでくる一般向けテレビ番組の是非善悪は圧倒的多数が社会倫理的に肯定できるものでなければなるまい。

（二〇一四年一月二九日掲載、原題は「広告表現の法則を使った〈明日ママ〉」）

第六章　コミュニケーションの新世界

1　「慈しみ」重視の新メディア時代へ

一九九五年一月一七日、淡路島を震源とする巨大地震は一瞬にして美しい神戸の街並みをがれきの山とし、火事はその下に埋もれた人の生命まで奪った。その惨状がネットを含むメディアによって世界中に届き、内外からの支援の輪が広がった。この大規模災害の救援活動から、日本に本格的なボランティア活動が根づき、後に「ボランティア元年」と呼ばれるようになる。

今次の東日本複合災害（①地震②津波③火事④原発事故⑤政府・財界と東電の隠蔽工作等）では神戸を機に大きく育ち始めた日本社会のしなやかな心的構造がメディア活動においてもより鮮明になってきている。筆者が訪れた激甚被災地区宮城県石巻や南三陸の避難所でも、「届けられた新聞は暗闇を照らす灯りであり、自分たちが忘れられていないという安心感に救われた」との声を多く聞いた。

これをメディア学的に読み解けば、①メッセージ（情報内容）の交換や②仲間内の仮想的友愛コミュニケーション（ソーシャルメディア）から、③心の奥にまで通じる思いやりのコミュニケーションが幸せを作るという認識が共有化されているということである。これまでの情報論の主流は①内包されたメッセージとその伝達可能性への注目であったが、これからは②参加者同士の共感と③弱者への慈しみの面がもっと評価される、そしてそのような視点がない情報とコミュニケーションだけでは人びとの暮らしの安心は保障されないということだ。

メディア学者の小玉美意子氏は最近著で、コミュニケーション過程を受信側から見直し、それが「①社会の趨勢をみきわめるメジャー・コミュニケーション②しっかりした考えをとり入れるシェア・コミュニケーション③心の調子を整えるためのケア・コミュニケーション」の3つに分けられるとした。（小玉美意子『メジャー・シェア・ケアのメディア・コミュニケーション論』学文社、二〇一二年）。これはオーディエンスがメッセージを押しつけられることから、メディアにこれまでとは違う姿勢で向かい合うという癒し（ヒーリング）コミュニケーションへの転換の再確認である。

筆者はこれまでメディア・コミュニケーションの機能として、正確な情報による人びとの安心できる暮らしの保障や社会福祉的慰安の提供など九項目を挙げてきた。慰安機能とは赤ちゃんが母親の胸に心音を感じながら眠る状態に似ており、小玉氏のいう「ケアのコミュニケーション」に通じる。神戸以後の日本では経済不況もあり、相互の「慈しみ」が欠かせない社会指標とされ、その結果、災害対策案には「絆」や「頑張ろう」が頻出し、情報内容よりもどれだけ被災者に寄り添えるかということが問い直されるようになった。

テレビでの視聴率、書籍での販売部数はわかりやすいが、メディア・コミュニケーション学でもそれとは違うビジネスモデルの検討がされるべき時代がはじまったのだ。従来的指標だけを政治にあてはめると、そこでは内閣や政治家が俳優の人気度のように測られるから、国民からの政治家への信頼度が低下し、市民の政治参加意欲も低下する。こうした「人気度」が国民による歴史的事実に基づいた理知的／論理的思索の結果でないことは、明治維新後の近代日本の数々の過ちが明白に教えている。人びとが熱中して投票所に行った郵政民営化法案なども数年経たずして修正の動きとなり、あれほど熱狂的に応援したのに結局何も変わらなかったということのくり返しである。

二〇一〇年度上半期にベストセラー入りした姜尚中氏の母の思い出の書『母──オモニ』（集英社）は親子の絆に注目し、慈しみを表に出した本だが、新聞の書評（読聞、日経、中日、東京、毎日、朝日）がいずれも同時期に著者を写真入りで取り上げていることに出版研究家の小田光雄氏が異議を唱えている（『出版状況クロニクルⅢ』論創社、二〇一一年）。その批判は「ベストセラーだけを追いかけてベストブックを忘れてもらっては困る」という伊藤暢章の言葉（「海外レポート／ドイツ」『出版ニュース』二〇一〇年二月下旬号）に繋がっている。

新聞がネットに優るのは論理的で多様な評価ができ、それを実践することであるのだから、あらゆる読者にあらゆるレベルでの適切なガイド情報を提供することに努めて初めて、停電した避難所のローソクの灯りで新聞や本を読む人たちが出てくる。

（二〇一二年五月二日掲載、原題は「〈慈しみ〉のコミュニケーション新時代」）

2　テレビの娯楽を〈癒やし〉に変えた震災

年末年始番組を全局録画できる機器を利用して出来るだけ見るようにした。各局とも工夫をこらしてはいたが、種別としては年末の一年回顧・総集編的なもの、スポーツ（ソチ冬季五輪関連やプロボクシング）、恒例歌番組（レコード大賞や紅白歌合戦）、それに再放映を含めた重厚なドキュメンタリー。年始の五輪への期待スター選手の紹介、「新年ご挨拶」的セレブたちの座談会や晴れ着のタレントお笑い番組、政治評論……と例年通りであった。だが、メディア界の人たちがようやく三・一一震災（東日本大震災、地震／津波／原発事故等）の復興が容易ではないことに気づき始めたためであろうか、この期間の番組が「暇つぶし」からヒーリング（癒し）効果重視へと大きく進化しだしていることに気づかされた。

テレビが今、長期的低落にあることは統計ではっきりしているが、六四回を迎えた紅白平均視聴率は四四％超（ビデオリサーチ）で、二〇〇三年以来の高さであった。それは人気のあった朝ドラ『あまちゃん』の関係者を総動員したことと、北島三郎氏の五〇回目の紅白出演「卒業式」などの話題作りによるものだといわれる。実際、瞬間最高視聴率の五〇・七％は同氏が「祭り」を歌い終わった時だった。

ＮＨＫは今回もまた若手女性歌手にど派手な衣裳を着せたり、北島氏を巨大な竜に乗せて登場させ、参加者全員に大トリの脇役を割り振るなどの演出をした。だが、今年の紅白の場合、単なる娯楽を超えた放送人と視聴者によるコラボ、とりわけ、作り手の志の高さの表れに筆者は注目し、そこに今後のテレビへの希望を見る。

東日本大震災は地震、津波、原発事故が物理的、経済的損害だけではなく、関係地区住民に大規模な精神的外傷としてのトラウマを与え、今も与え続けている。だから、被害者に「寄り添う」との呪文だけではどうにもならない。筆者も何回か三陸海岸沿いの被災地を訪れているがそのたびに暗澹たる気持ちになった。その事実が何も変わっていないのに、紅白はそのことをどう扱うか……と気になっていた。

紅組司会の綾瀬はるか氏はヒロシマ出身、大河ドラマ『八重の桜』のヒロイン、フクシマ生まれの新島八重を演じた。八重は独立した女性としての輝ける生き方を残しただけでなく、その夫で民の教育を実践した同志社大学創立者新島襄を励まし続けた。そのイメージがダブる綾瀬氏が大熊町からの避難を余儀なくされた子どもたちとの交流を続けた映像がＮＨＫホールで流され、彼女が瞳から大粒の涙をこぼしながら、出場者たちと「花は咲く」を歌った。そのとき、彼女をメディア（媒介者）として、会場と全国の視聴者の気持が確実に被災者と繋がり、日本の歌番組が娯楽を超えた領域に入った。それは法律で受信料を徴収できるＮＨＫがまさにすべきことで、期せずして綾瀬氏が提示したその価値の大きさは北島氏の卒業式を「はるか」に超え、ＡＫＢ歌手の「卒業」などどうでもいいことになった。問題はその精神を番組の種別と局の違いを超えて今後、日本のテレビ界がどう育てていくかという重い課題である。

筆者はマスメディアの主たる役割を「事実を社会的脈絡の中で位置づけて提示し、オーディエンス（視聴者・読者）の社会参加を助ける」ことと、「災害防止、被害のアフターケア」の二つだと考え、その他として、仕事の疲れを癒し、明日への活力培養となる「社会福祉機能」など七つを挙げている（詳細は山口功二他編『メディア学の現在』世界思想社、二〇〇一年）。その点で綾瀬氏の今回の役割は現地被害者のトラウマの克服だけではなく、被災地とその住民への共感とはなにかを一瞬にして理解させるに十分なものであった。

不安（fear）、恐怖（terror）、暴力（violence）に対するメディアのヒーリング効果について研究したジーナ・ロスはその著『トラウマを超えて』（二〇〇三年）で、このトラウマが個人から集団のものになり、ひいてはそれが多くの紛争・戦争が続く原因になっていることを指摘、その連鎖の防止にメディアが果たすべき役割を提起した。

このことは現在の日中韓三国の歴史認識問題に起因する緊張関係にもあてはまる。そういえば、暮れのテレビ番組で、二年続けて弱者の立場からの創作歌を披露した美輪明宏氏が「一〇〇人の政治家よりも偉大な文化人の交流のほうが世界平和に役立つ」と言っていた。懸念があるとすれば、現在のお茶の間向け娯楽番組の少なからずがそうした面を軽視しているか、気づかずに視聴率の「高低」だけに「拘泥」していることだ。その悪循環から脱ければ、テレビは自力で復権できるだろうし、社会もそれを支持する。

（二〇一三年一月八日掲載、原題は「テレビが果たす〈癒やし〉〈共感〉の役割」）

3　マスコミ研究者と学会の責務

日本マス・コミュニケーション学会の二〇一二年度春季研究発表会が六月二日と三日（二〇一二年）、宮崎市の宮崎公立大学で開催された。この学会は規約にあるように、「新聞・放送・映画・雑誌等ジャーナリズムおよびマス・コミュニケーションに関する研究、調査（により）……我が国文化の向上に貢献すること」を目的としている。

毎年春と秋に開催される研究発表会では開催地あるいはその時々の関心事がシンポジウムのトピックとされ、今回は宮崎の牛や豚の「口蹄疫報道を検証する」と「震災後のメディア研究、ジャーナリズム研究」の二つが実行された。前者では過去の口蹄疫発生の経験が十分に生かせなかったことと全国紙記者がどっと取材に入ってきてから報道が雑になった弊害が地元新聞と放送関係者から指摘された。後者ではマスコミ学会会員が三・一一複合震災についてどのような研究活動を行って来ているかの報告と、代表的研究として①統計調査②震災報道へのメディア学的アプローチ③震災現場での研究者の課題がそれぞれ実践的成果として報告された。

学会にとっても東日本大震災は見過ごせない課題だが、震災直後の六月三〇日（二〇一一年）にはノーベル賞作家の大江健三郎氏による「ビキニからフクシマまで」と題する特別講演と関連シンポジウム、今年（一二年）の三月三日にも、『震災・原発報道検証 ― 三・一一と戦後日本社会』をテーマとしたシンポジウムを開催し、浜田純一会長（東大総長、当時）が「極限における「表現」について」と題した基調講演をしている。

大事故、大震災が起きるたびにそのような企画を実行することは重要だが、同時に自分たちは研究者として①何ができるか②何をしてきたかを検証するだけではなく、③情報面から減災のために日頃から何をすべきであったか④専門的知見と技術を有効に用いた仕事をしてきたのかという問いかけも自らにしなければならないであろう。人は自分の直接体験事項や周囲の人たちとの接触によるものを除けば、メディアによって何らかの情報を得てその時々の社会的判断をしているから、情報とその流通のプロ研究者集団であるマスコミ学会がそうしなければ、日本の社会情報環境の質的向上は望めまい。

目的論からしても、医者の最大存在価値が人びとの健康維持とその増進活動にあるように、ジャーナリストのそれが社会病理の摘出と治療にあることは放送法や日本新聞協会倫理綱領が別の表現で記している。メディア／コミュニケーション研究者のそれが社会的に有用な情報の収集（取材）、その厳選による公開努力もその一つだということだ。それは同時に、メディア研究者が学者という専門職の立場に拘泥しているだけでは駄目だということでもある。

学会は通常、会員個人の研究成果の発表の場であり、今回も「テレビと都市空間」、「一九七〇年代の雑誌『明星』における〈ヤング〉読者共同体の形成」、「歴史教科書問題をめぐるメディア・フレームの分析」等の演題が並んでいた。また筆者が担当理事をしているメディア倫理法制研究部会が企画したワークショップの名称は「政治報道と倫理」であった。そこで問題提起を行ったのは最近、全国紙政治部長／論説委員から大学教授に転じた方で、オフレコなどを例にして取材源との距離の取り方を解説し、参加者との刺激的議論の場となった。

筆者にとって考えさせられたのは、ふとその方が漏らした言葉、「政治学会なら多くの現役記者が参加するのにこの学会はそうではない、その点では皆さんにもっとメディア内部の現実を知ってほしい」との発言であった。筆者の知っているジャーナリストたちの多くもこのような指摘をしばしばする。しかしその真意が現場の苦しさを知ってから発言してほしいというのであれば、それは少し違うだろう。

誰でも批判より称賛のほうが心地よいのだろうが、戦前の日本のマスメディアが政府と一体となって国民を戦争に駆り立てたこと、ならびに学会がサンフランシスコ講和条約（対日講和条約）が締結され、日米安保条約の調印があり、日本の独立が日米枠組の中で決まった一九五一年に「言論・表現の自由を暮らしに生かす」ことを目的に発足していることを忘れてはならない。その後、メディアの現場が市場主義の中での情報産業化を強めてきたのだが、それとともに、学会員のかなりの部分が自分たちは情報面における「社会病理の医者」であらねばならないという初心を忘れがちになってきているように思える。

（二〇一二年六月一三日掲載）

4　ネットによる社会情報と人間の幸せ

現代の日本をネット社会とかウェブ時代と呼ぶことに異存はない。私たちの生活が多方面でインターネット抜きに成り立たなくなっているからである。情報流通に限っても、ネットが新聞やテレビといった旧来的メディアが占めていた位置を揺さぶり、広告代金の総量においてもすでにラジオ、雑誌ばかりか、新聞まで追い越し、テレビに迫る勢いにあること等も各種資料が示しているとおりで、「支配メディア」の座の交代が起きている。

ネット主体へのそうした情報行動の変化については橋元良明氏やNHK放送文化研究所のすぐれた業績がある。とりわけ、橋元氏の『メディアと日本人 ― 変わりゆく日常』（岩波新書、二〇一一年）は氏が共同研究で積み上げてきた成果を他分野の情報と併せ解説した必読本である。しかしそうして急速に進展しているネットの汎用化が果たして私たちの社会の質を向上させているかという視点に立てば、現行情報化社会の実相が違う面から見えてくる。

ネットの貢献として、統制国家での言論の多様化、主流メディアへの抵抗、弱者による発信手段の獲得とその低廉化等が指摘される。だが、たとえば、韓国の若者たちのパソコンや携帯／スマホ依存は日本以上だし、米国社会のネット利用も同様に高い。その韓国の第一六代大統領の盧武鉉氏（在職二〇〇三年〜〇八年）はネットを駆使した選挙活動で新聞とテレビ利用を中心にした保守派候補に勝利したが、任期途中で失速し、退陣後には家族や取り巻き連の汚職疑惑で自殺にまで追い込まれた。米国現大統領のオバマ氏も、大金を注ぎ込んだテレビCMを流して選挙戦を仕掛けてくる相手保守層候補にソーシャルメディア（フェイスブックやツイッターなど）で対抗して波に乗り当選した。だが、公約した雇用拡大や格差医療保健や教育面での悪弊打破ができず、現在二期目の選挙活動で苦戦中である。

また、ネットは匿名性が高いことから社会通念としての倫理を守らない無責任情報が多く、詐欺的犯罪が頻発している。一方で、ネットが物品の移動や購買の労を大幅に減少させ、障害を持つ人々の助けとなり、遠隔医療等も可能にしている。それどころか、ネットに攻められている新聞社・出版社、放送局（テレビ・ラジオ）自体が取材した情報をネット公開しているだけではなく、編集局はデータの確認や取材・情報源としてもネットを利用している。もちろん、自社員の募集もネット上でしているし、肝心の記事でも、昨今の選挙ではどの新聞も本紙上での速報記事の末尾に「詳細はデジタル版で……」などと、ネットとのコラボをしている。

電気／デジタルメディアの存在価値はコミュニケーション一般の原理同様、社会構成員間の相互理解を促進し、情報面から社会的不条理の解消に貢献することであり、通信業界のキャッチフレーズにある「大容量情報の安価な高速通信」の実現だけではない。早い話、現在の大学生でケータイを持ち歩かない者はほとんどいないが、三回生秋学期に就職活動が具体化してくると、希望した最初の数十社からは「今後の御活躍をお祈りします」といった通称「お祈りメール」（不合格通知）を受取る。結果、統計でも一五％ほどがウツ状態になる。ソーシャルメディアであれほど交流しているはずなのに、いざとなると「悩みを聞いてもらえる人がいない」と悩む者が多く、各大学ともカウンセリングセンターに「相談者」があふれている。

英国のメディア学者、J・カランが指摘するように、ネットには個人的情報が多く、参照、識別能力がないと、たとえば多国籍企業の活動実態などは捉えにくいし、ネット依存は選挙までネットショッピング化しやすい（『メディアと権力』論創社、二〇〇七年）。ネットはビジネス面で新しいモデルを生んでいるが、マクロ的に見れば、ネットが一般化した一九九〇年代以降、リーマンショックや現在のEUの経済危機など、それ以前と変わらぬ深刻な問題が解決できないままだし、各地での武力紛争も減少していない。

ネットが作るイメージも社会的強者が操作し易い主流メディアの提供情報も同じく社会の実態から離れていることが多い。ネットは便利なコミュニケーション手段だが大切なのはその利用者による特性の理解（メディアリテラシー）と情報の読み方（情報リテラシー）だということを、私たちが目指すべき社会像とともに考えることこそ、今必要な教育課題なのだろう。

（二〇一二年九月五日掲載、原題は「ネット活用　大切な〈利用法〉と〈読み方〉」）

5 優しい社会の形成と「寅さん」的ヒューマニズム

一〇月三〇日（二〇一二年）、政府は今年度の文化勲章受章者六人と文化功労者一五人を発表した。文化勲章にはiPS細胞（人工多機能性幹細胞）の研究でノーベル生理学・医学賞を受けた山中伸弥京都大学教授も入っているが、ここでは寅さんシリーズで知られ、この三日に天皇から文化勲章を親授された山田洋次監督の映画観についてメディア機能論の立場から考えておきたい。

映画には表現部分だけでも、監督の他にシナリオ、カメラ、俳優など多くの役割の分担があるから、文字通り総合芸術である。また映画はドイツの社会哲学者、W・ベンヤミンのいうところのオリジナルのない、もしくはオリジナルがいくつも作れる「複製芸術」である（『複製技術時代の芸術』原著は一九三六年）。山田氏は皇居での式典の後でこう語ったと報道された。「映画界を代表して受けとる……寅さんは〈そんな立派なものもらっていいのかい？オレみたいなできそこないを主人公に映画を撮っていたのに〉と、冷やかすでしょうねぇ」。

同日のNHKのインタビューではもうすこし突っ込んで自らの映画論を展開している。いわく、「若い頃は貧困とか戦争とか、人間の不幸をダイナミックに描きたいと思ったけど、今は悩みを含めた家族の物語とその時代の暮らしの幸せを描いている」、「日本はもっと文化や芸術方面に力を入れるべきだ」、「強い国より優しい国のほうがいい」などと。

たしかに山田のメディア哲学は欧米の主流メディアの根底にある白人優位、ときどき露呈する差別的かつあざ笑い的なテレビ番組や映像作品とは異なる。たとえば、二〇一〇年一〇月には英国公共放送のＢＢＣが長崎市出身の山口彊（つとむ）さんが広島への出張中に被曝した後、列車を乗り継いで地元へ必死に逃げ帰り、またそこで同じ目にあったことをＱＩ'quite interesting'（目茶、面白い！）という番組で、「世界一運が悪い男」と嘲笑した。さらには先月、フランスの国営テレビ「フランス２」がサッカーの対フランス戦で勝利した日本代表のＧＫ川島永嗣選手に腕が四本ある写真を合成し、司会者が「福島原発事故の影響ではないか」とやゆした。両方とも情報バラエティー番組内でのことだが、それにしても山田の社会観／メディア論では考えられないことだろう。

筆者にとっても思い出深い山田作品は倍賞千恵子、武田鉄矢、渥美清、桃井かおりを支えに高倉健を起用してその生真面目さを引きだし、ヤクザ路線からのイメチェンと新分野を開拓したと絶賛された『幸福の黄色いハンカチ』（一九七七年）、そして海外でも評価の高い渥美清主演の『男はつらいよ』の寅さんシリーズ（全四八作）である。

もちろん、山田には夜間中学や自閉症児童など、社会で日の当たりにくい場面を描いた

「学校」シリーズ全四作などもあり、そこでも山田が注ぐ目の優しさが心地よい。学校シリーズでは一部から山田は現実の厳しさを知らない……と批判されたがそれは一つの映画にすべてを求めようとする狭い見方だといってよい。

注目すべきは両者に通底するユーモアで、山田が日本の伝統芸能である落語に造詣が深く、それがプラス効果となって観客を魅了する。半面、そのことが山田作品の特徴と限界となり、素材と問題理解を個人の生活範囲の周辺に収斂させることになりやすい。寅さんの繰り広げるどこにでもある身内の小さなケンカやその収まりどころが結果として友愛（fraternity）という非政治性の強い諦念に行き着くことがその証左である。

当然のことだが、山田の制作姿勢だけで経済や政治に起因する社会的不幸を解消することはむずかしい。たとえば人々の不幸感を国際比較で研究したR・ウィルキンソンはその主原因が①自由（liberty）②平等（equality）③友愛（fraternity）の欠如にあるとした（池本幸生他訳『格差社会の衝撃』書籍工房早山、二〇〇九年）。そう考えると、山田のたどりついた映画製作哲学は『幸福の黄色いハンカチ』に始まり、友愛を視座に優しい社会の幸せの一側面をとらえ直したものだということになる。

小津安二郎監督の名作『東京物語』（笠智衆、原節子主演、一九五三年）をモチーフにした山田による八一番目の作品『東京家族』が二〇一三年一月一九日に全国公開される。日本の六〇年を文化勲章受章者がどう見たかを確かめたい。

（二〇一二年一一月一四日掲載、原題は「欧米の感性とは異なる山田洋次監督の哲学」）

6　歴史を偽造する「脱真実」の時代

今月（二〇一四年二月）は東日本大震災犠牲者の鎮魂曲を作った「全聾作曲家」佐村河内守氏とメディアとのなれあい関係に視聴者が振り回された。それが終わったら、今や「季節の話題」となった震災関連で、大手広告会社博報堂が企画、制作した臨時災害FM放送についての自称「ドキュメンタリー」映画についての不祥事が報道されている。まさに米国のメディア学者、ラルフ・キーズが二〇〇四年刊の著書で総メディア社会、情報化時代をタイトルどおり「脱真実の時代（Post-Truth Era）」だと喝破し、著書の副題を「現代の不誠実とごまかし」としたことが日本でも現出しつつある。

震災現地の東北では三〇以上の臨時災害FM放送局が開局したが、問題の映画はそのうちの一つで、津波に押し流されて鉄骨だけが残った役場防災センターで全国に知られた宮城県南三陸町で開局された「FMみなさん」についてのものである。災害時にラジオが効果的な地域密着情報の提供をすることはよく知られてきている。

災害やスポーツなど、社会的関心が大きい出来ごとでは感動物語が作られ、視聴者もそれを好むことは先のソチ冬季五輪報道でも私たちは経験したが、そうしたヒューマンインタレスト（人間的興味）をビジネスにしようとするものが出てくることも現代の「超資本主義」（クリントン政権の労働長官、R・ライシュの造語）では自然である。そのことにいちばん敏感なのが広告業界だから、ラジオによって励まされる被災住民の姿を描いた映画「ガレキとラジオ」ができあがった経緯にも驚きはない。

そこまでの大筋はいいのだが、実際は当該ラジオ局波の届かない仮設住宅に暮らす七〇代女性を放送によって励まされている被災者としてヒロインにし、名前の売れている役所広司さんにナレーションを担当させ、あろうことか全国で上映運動まで展開したのはやりすぎだ。かくして映画が評判になったことで嘘の演技をさせられた女性が良心の呵責に悩まされて苦しむことになり、制作手法が「やらせ」だとして批判が上がることになった。

しかも制作者の博報堂広報室が最初、それは「やらせ」ではないと強弁したから、さらに問題が大きくなった。事実でないことを「事実のように思わせる情報提供」はまごうことなき「やらせ」で、この映画がその典型である。先の阪神・淡路大震災でも今回の東日本大震災でも感動的番組がいくつも作られたが、それらはいずれも根幹部分は事実を基にしていた。俳優が演じる場合にはドキュ・ドラマ（実話をドラマ化したもの）として宣伝された。ところが今回の映画は主人公がラジオを聞いて励まされたという根幹部分が嘘だったのだから、「ドキュメンタリー」では断じてないし、社会の幸せを増進させるというメディアの使命にも反するビジネスにすぎない。

新聞では「やらせ」は少ないが、それでも「演出」とは言い逃れのできない事例が今もある。たとえば、三月九日付産経新聞には「知事公印 コピーし賞状」とあり、北國新聞が共催した写真展の富山県知事賞の賞状に社の担当者がネットから公印をコピペして賞状をつくったとある。まさに詐欺犯罪だが、今度の映画の場合も大同小異である。

日本人の記憶を破壊するこうしたメディア企画は最後には歴史の偽造につながる。私たちがこうしたことを笑ってすませていけないのは、人びとがこの種の「やらせ」物語を真性なものとして記憶してしまうからだ。日本マス・コミュニケーション学会でも、そうした誤りが定着しないようシンポジウムなどを開催し、震災報道のあり方などの議論をしてきた。テレビ映像については日本大学新聞学研究所が中心となって「東日本大震災TV映像アーカイブ計画」（大井眞二代表）が進行している。この七日にその中間報告会が同大学で開かれ筆者も出席したが、震災以後の東京主要局の関連全番組が保管され、分類利用すべく整理されつつある。

公文書などの秘密指定と公開の問題が各界で議論されているが、国民、視聴者の側にとってはそうした専門的公文書の問題だけではなく、日常的に接しているテレビ、新聞、雑誌、映画、ラジオなどによる一般的な情報によって歪んだ社会像を与えられ続ければ、日常的な政治・社会観の具体化としての選挙投票の判断基準にも影響が出てくる。よりよい社会を次の世代に引き継ぐためにも情報送出側メディアに緊張感を求めたい。

（二〇一四年三月一二日掲載、原題は「記憶を破壊、歴史を偽造する〈やらせ〉」）

7 社会発展と言論の自由のバランス

四月十三日（二〇一三年）朝、ミャンマー（旧ビルマ）の最大野党・国民民主連盟（NLD）の党首、アウン・サン・スー・チー氏（以下、スー・チー氏）が日本政府の招待で二七年ぶりの来日をした。一九日まで滞在し、在日ミャンマー人たちとの連帯集会への参加、京都や東京の大学での講演をこなし、安倍晋三総理との面談も予定されている。

二七年前、軍事政権に抵抗し圧迫されるスー・チー氏を京都大学東南アジア研究センターが客員研究員（一九八五〜八六年）として招聘した。建国の英雄である実父アウン・サン将軍による「ビルマの独立運動」を研究テーマとし、左京区の修学院離宮近くの住まいから自転車で二〇分ほどかけて通学しており、筆者も彼女とセンター内で立ち話をしたことがある。

彼女が今回の招待を受けたのは、当時お世話になった人たちとの旧交を暖め、在日ミャンマー人との連携を強化するだけではなく、第一野党党首として、現在のミャンマーが軍政を脱し、民主化による経済発展に弾みをつけるための各種援助を日本から取りつけるためであろう。そのための具体的な話しあいの場が外務省で組まれ、この国の資源に関心を持つ経済人との会合も予定された。日本にとってのメリットはわずかな費用で東南アジアに有力な親日政治家を持てるということである。

だが、途上国をそのように利用するだけではいけない。二〇〇七年九月二七日、ミャンマーで反軍政デモを取材していた日本人フリージャーナリスト長井健司さんが治安部隊の発砲により死亡した。日本の政財界がこうした途上国社会の質的向上を根本から支えず、一時的な政治や経済の力学的成長思考だけでは旧東欧諸国やアラブの春の二の舞で、双方ともに長期的な国民利益に繋がらない。ミャンマーもしくはスーチー氏がこの問題を甘く考えると、一方からは軍政時代と同じではないか、他方からは結局国を混乱させているだけではないのかという批判を受け、国民力が効果的に実を結ぶことがむずかしくなる。

世界の発展途上国の多くは欧米日列強による植民地化の洗礼を受けている。このミャンマーも例外ではなく、第二次大戦中は日本の軍政下に置かれ、インパール作戦の影響や、現在ではタイからシンガポールまで繋がっている旧・泰緬（タイメン）鉄道建設で何万人もが犠牲になった。両国の関係も現地人の感情にも決して竹山道雄原作の子ども向け小説（新潮文庫）を原作にした市川崑監督による映画『ビルマの竪琴』（一九五六年と八五年の二回映画化）に見られるような、日本人の贖罪と善意の活動が肯定されてきたわけではない。反対に、近年の軍政による過酷な統制への批判だけでも彼の地の日本への憬れという両義性を伝えきれない。

私自身は二度、この国を訪れたが、かつては空港で米ドルを担保として預けさせられるといった途上国の悪弊を経験させられた。また首都ネピドーを出て地方へ行けば、中央政府の民衆へのケアが十分でないことから各民族の独立意識が高く、国民国家としての統一性に欠ける。半面、人々の生活に上座部＝小乗仏教が根づき、貧しくとも落ち着いた規律あるコミュニティーがある。

アジアの優等生といわれるシンガポールは国家主導の経済発展政策推進の裏で、国民の言論・表現の自由を抑圧してきた。そうした近隣環境の中で、一昨年、ミャンマーは民政移管し、昨年八月には内外メディアを統轄する情報省が検閲制度を廃止、このほど、自由な民営新聞の発行を許可し、放送についても自由化の象徴としてアウンサンスーチー情報大臣が国営放送を英国ＢＢＣ型の公営方式にする案を公表した。

検閲がなくても市民の創意と社会の健全性が維持される言論環境が望ましいが、憲法二一条で検閲の禁止等を保障している日本ではメディアによる一貫性の欠如で国民の政治意識の揺らぎが大きく、一年ごとに総理が変わり、政治も経済も国家の基本である防衛と外交も場当たり的で一貫した将来ビジョンが希薄だ。

原因はおそらく、グローバル化の進展の中での長期的な国民の経済的政治的安定の方向性という視点から過去と現在を適切につないでメディアが描写していないことにある。その結果、オーディエンス（視聴者・読者）としての国民、有権者が主体的に意見をぶつけ合う場がない。私たちにその自覚と目配りがないと、たとえば、スーチー氏が歴史観で韓国に同調していることの背景が理解できず、国際的場での有力な友人を失いかねない。

（二〇一三年四月一七日掲載、原題は「〈発展〉と〈言論の自由〉のバランス」）

8　集団的自衛権に「共有知」増強の発想を！

オランダのハーグで開催された核安全サミットに合わせて開催されたＧ７（先進七カ国会議）最終日の三月二五日夜（日本時間二六日未明、二〇一四年）、米国仲介による日米韓三首脳の直接的出会いの場が在ハーグ米国大使公邸でやっと実現した。韓国の朴槿恵（パククネ）大統領と安倍晋三首相にとって初めての首脳会談で、東アジアの安定にとって喜ばしいことだ。だが、このG7ではロシアのソチで予定されていた次回G8のボイコットならびに同レベル会議へのロシアの非招待の決議もなされた。もちろん、その理由はロシアによるクリミアの事実上の併合への批判である。実際の国際政治では一般の市民感覚や大半のメディア報道とは違って、「公式」会議で何が話されたかということよりも実際に首脳が集まり、直接話し合える関係にあることが大事で、細かいことは事務当局の折衝によって決められていく。

おりしも日本国内では集団的自衛権の議論が高まっている。もちろん、その背景には①米国だけでは世界の物理的秩序が維持できる保障がなくなっている②日本の隣国であるロシアや中国、韓国との厳しい領土論争と北朝鮮への対応③原油や天然ガスの安全な輸送ルート確保などが日本だけでは担保できないなどの事情がある。だが紛争が力だけで解決できると考えることは国民／市民の犠牲を必要以上に増やした過去の惨禍から学ばない、愚の骨頂である。そのことは日中韓露との対立の根底にかつての日本の軍事行動に関わる歴史的評価の違いがあることからもわかることだ。だから根本的解決には力の均衡に加えて、いかに関係者が情報面で「共有知」を拡大できるかが肝要になる。

職場の春休みを利用して、この一週間、竹島（韓国では「独島」）周辺を日本側から警備する舞鶴駐屯の海上自衛隊（京都府舞鶴市）、尖閣諸島（中国では「釣魚諸島」）を管轄する沖縄県石垣市を訪れ、国防最先端の現地事情を知ることに努めた。舞鶴は戦後日本のシベリア抑留者や中国・朝鮮半島からの引き揚げ者の帰還港として知られるがこの一〇年に人口が半分以下になり、商店街はシャッター通りとなっていた。地元に大学がないことがあり、昼間に町を歩く若者もほとんどいなかった。

必然的に海自関連が地元経済に占める部分が多くなり、目の前の海には新鋭のイージス艦や大型の攻撃型艦船が停泊していた。その海自では特別の計らいでミュージアムなども案内され、かつて大ヒットした歌謡曲の『岸壁の母』（テイチク発売、一九五四年）が帰還船到着のたびに六年以上も息子を迎えに出て、会えぬままに死去したというその「息子」が実際には上海で結婚し医者になっていたという、関係者だけ「知られた」エピソードも聞かされた。そして海自の皆さんがじつにまじめに「国防」を担われている現場の一端も知ることができた。

石垣では中国漁船との衝突で一躍有名になった海上保安庁の警備艇が三隻係留され、乗員が整備活動をし、会話にも気楽に応じてくれた。だが、先の沖縄本島の名護市長選では基地反対派が圧勝し、石垣市長選では自民／公明が推す候補者が勝つという真逆のことがなぜ起きたのか。沖縄本島では空には米軍機が騒音をあげて飛び、地元メディアに米軍関連記事が出ない日はない。ところが沖縄本島の二大新聞である「琉球新報」と「沖縄タイムズ」は一日遅れで届くものの読者は少なく、しかも石垣には米軍基地がない。空は静かで、市長選でも基地問題は争点になっていなかった。

お会いした三木巌八重山防衛協会長は石垣市を中心とした八重山地区の防衛問題の民間協力者で、日米政府の防衛関係者の精神的な応援と地元啓発を熱心にしておられる。また石垣ケーブルTVの保田伸幸社長と報道担当の満田昌男ディレクターとも懇談したが、観光を除けば、酪農（石垣牛）などに従事する地元民の多くは米軍基地問題にも、漁業で関連のある尖閣問題にもあまり関心がない……尖閣諸島がどこにあるかを地図上で正確に示せる人もほとんどいないという。つまり、名護では最大の争点が基地問題で、石垣では本土政府からの離島援助による経済発展に関心があるという構造があった。原発事故被害が福島近辺とその関係者だけの関心になりつつあるという図式と類似しているということだ。

東北の貧しい農村（現・岩手県花巻市）で生まれ、飢饉による欠食児童や若年女性の身売りなどを身近に見た宮沢賢治（一八九六～一九三三）は三〇歳のとき、「世界ぜんたいが幸福にならないうちは個人の幸福はあり得ない」（『農民芸術概論綱要』序論）と説いた。それに従えば、世界の諸国家間の貧富の格差が大きいうちはテロや紛争、戦争がなくならないということになる。根底のところでメディアはそのような歴史哲学に基づいた報道を求められているし、それこそがメディア・ジャーナリズムの使命の一つであろう。

（二〇一四年三月二六日掲載、原題は「共有知で〈世界ぜんたいの幸福〉を」）

第Ⅲ部　積極的公正中立主義の情報政策とメディア活動

第七章　報道における〈積極的公正中立主義〉の基本枠

この章では報道のあり方とメディア・ジャーナリズム活動の基本として筆者がこの三〇年来提唱している「メディアの積極的公正中立主義」（Proactive Doctrine of Media Fairness and Impartiality）の基本枠について簡単に述べる。それはメディアとジャーナリズム活動の実践哲学で、「メディアが市民主権と公益拡大主義の立場から、取材・調査・編集、そして情報および情報ツールの提供をおこなうやり方」のことである。

1　はじめに

どのようなメディアでも次の三つの大きな制約から免れることができない。

第一、特定のメディアがコミュニケーション媒体として機能できるスペース・時間・容量はかぎられていること、第二、同時にそのエンドユーザーである視聴者・読者、あるいはパソコン等の末端利用者にも時間や能力をふくむ物理的制約があること、第三、それにたいし世の中に存在する情報の量は無限大であること、である。

これら三つの条件からわかることは、メディアにとってもその利用者にとっても、どのような情報を「共有知」「公共知」として増やし社会をよりよくするためにやりとり（送受信）すべきかという優先順位の基準が必要になるということだ。そしてこの基準についての考え方には、①情報提供の方法を中心に議論するやり方と、②情報内容について議論し、その枠内から優先提供順位を決めていくという二つのモノサシがある。

さて、内外を問わずこれまで幾多の歴史的経験とさまざまな圧力に抗して議論され、採択・制定されてきたメディア機関・ジャーナリスト組織等の編集綱領・倫理綱領などはすべからく、メディアの社会的機能が、人間社会のより円滑なコミュニケーションと社会をすこしでも進歩させる方向性をもった情報を提供するところにあることを示唆している（世界の倫理綱領などについてはマイケル・クロネンウエッター著、渡辺武達訳『ジャーナリズムの倫理』新紀元社、一九九三年、参照）。メディアとジャーナリストが幾多の苦難と経験から到達した社会的責任はメディアの誠実性（honesty）と高潔性（integrity）を維持し、デモクラシーを実質的に機能、向上させるということで、つぎの三点に留意して社会的情報交換はなされるべきであるという結論が導かれる。

第一　メディアとそれが運ぶ情報はたんなる商品ではなく、社会的共有物であり、財産である。

第二　メディアは情報を収集・編集・提供するにあたって、そのエンドユーザー、アクセス者であるオーディエンス（読者・視聴者）による民主的コミュニケーション権、アクセス権を保障しなければならない。

第三　メディアは人間社会の構成要素の最小単位である個々人の平等性とその生活の向上をはかり、地域社会・国家内、さらには国家間・民族間その他の紛争をなくし、社会問題を解消する方向での情報提供活動をおこなわなければならない。

筆者が一九八〇年代初頭から提唱している「メディア活動の積極的公正中立主義」では世界のメディア関係者の多くが到達しているこうした知的財産を基礎にして、社会的にやりとりされる情報の質の向上をまず考えるべきだという立場に立つ。そして、その枠内における多様な資料と同時に、燃え立つような議論の場を提供することがメディアの社会的使命だと考えるから、当然のことだが、「ヘイトスピーチ」や「虚偽表現」などを表現の自由とは認めないことを原則とする。もちろん、緊急の場合の人々の生命と財産の保全はいうまでもない。

もともと、メディアとは、それが人間対人間であれ、機械間であれ、機械対人間（またはその逆）であれ、あるものとあるものをむすぶすべての媒介物のことであり、情報そのものではない。しかしメディアの種類とその特徴はネットを含め、その運ぶ情報の種類、質と量、内容に大きな影響を与えるから、メディアと情報、およびその内容を形式的に別個のものとして議論することはメディア論・情報論として現実的ではないといえる。

日本においても最近のNHKスペシャル（『魂の旋律～音を失った作曲家～』二〇一三年三月）の「やらせ」、過去のTBSオウム・ビデオ問題（一九八九年）、テレビ朝日の「椿発言」（一九九三年）などのメディアの不祥事の連続、外国ではアメリカにおけるO・J・シンプソン事件の集中豪雨的報道、イギリスにおけるダイアナ妃の偽ビデオ報道問題など、枚挙にいとまのないほど、活字・映像を問わず、メディア界の不祥事は多い。にもかかわらず、事態が少しも改善されない原因の一つは、メディアがどのような原理で運営され、どのような基準でその提供情報の取捨選択をおこない、どのような形で情報を伝播・流通させるべきかについての理論や基準が社会的合意として世界はおろか日本国内においてさえまだできていない、もしくは実施できる態勢にないことにある。

現代社会は対面コミュニケーションの可能な範囲をはるかに超え、地球大の規模で動いているから、現代のメディアによる情報価値は地球的視野で議論されなければならない。また、私たちがこれからどういう社会をつくっていったらよいのかということと、その活動にメディアがどうかかわっていったらよいのかという議論は①地域に根ざしながら②国境を越えた地平とレベルで同時・相関的になされる必要がある。さらに、私たちには世の中のすべての情報を知ることはできないという物理的限界もあるし、知る必要もないこと、知るべきでないことも多くある。要するに、現代メディアの問題は私たちがほんとうに必要としている情報が必要としているかたちで提供されていないところにあるということだ。

2　メディアの機能論と情報選択論

メディアの不祥事の連続の背景には、権力による干渉だけではなく、より多くのひとを「顧客」にすることによって利益をあげようとするメディアの商業利益第一主義が色濃く存在している。くわえて、政治・経済・法制などさまざまな面からのメディア支配による歪みなどが背景にあると考えられ、それぞれに解決すべき重要な課題をかかえている。しかしそれ以上に、メディアの社会的あり方の議論がともすれば紛糾してしまうのは、メディアあるいは報道にとって、公正・中立、あるいは公平とはいったいどういうことをいうのかの議論が今日まで具体的・徹底的になされず、表面をなぞってきただけであるということも私たちは認めなければならない。

この問題での日本における主要関係法令としては、表現の自由と検閲の禁止を定めた憲法（二一条）、それに関連した放送法（第一条の、公共の福祉への適合、不偏不党・真実と自律の保障による表現の自由の確保、ならびに第三条の放送番組編成の自由）の規定、および電波法による放送の免許事業制度の規定（第四条～十六条）、等をあげることができる。

一九九三年秋の椿貞良テレビ朝日報道局長（当時）による「私どもの番組は決して公平ではなかったし、公正・公平に拘泥する必要もない」という、いわゆる「椿発言」を契機にした議論は問題提起以上の展開がなく本人もやむなく「謝罪」させられてしまった。二〇一四年になってからのＮＨＫ籾井勝人新会長（日本ユニシス前社長）による発言「〈慰安婦〉は戦争をしているどこの国にもあった」、「特定秘密保護法は決まったから批判できない」、「政府が〈右〉と言っているものをわれわれが〈左〉と言うわけにはいかない」などは社会善（公共善）に奉仕するという人類の「共有知」「公共知」とは何かを理解しない妄言である。トップが「絶対的な公正はない」といい、「公正」に近づこうという努力をしなければ、現場の制作者たちの努力が踏みにじられ、公共放送の名が泣くことになる。

さらに踏み込んでいえば、上述の法規定も放送局のガイドラインも公正を抽象的にとらえ、「情報提供の仕方」の問題であると考えるばかりで、メディアは具体的にどういう情報を取材・編集・提供すべきかという質と内容の議論がこれまでなされなかったところにその大きな欠陥がある。

筆者は「公正とは公衆の利益のために正義を実践すること」だと考える。したがって「メディアの公正とは公的利益と社会改革のために情報提供活動をおこない、議論の場を提供すること」になる。私の提唱する「メディアの積極的公正中立主義」はこうした公正観に立ち、メディアのやりとりすべき情報の社会的価値基準についてのべ、実践するものだ。

3　あるべき公正・中立論とは

これまでの公正・公平・中立論は以下の五パターンに分類できる。

①左右の両極端を排し、その他の異なった意見をできるだけ多く並列的に列挙する、いわゆるＮＨＫ的公平。
②さまざまな意見の真ん中をとることを中立と考える、いわゆる中道。
③権力には悪が存在すると考え、忌憚のない権力悪批判をジャーナリズムの使命とするウオッチドッグ機能。
④少数意見（異見）を尊重し、出来るだけ多くの多様な意見を価値評価を加えることなく紹介すること。
⑤世論の大勢とその動向を重視し、視聴者・読者のニーズに対応をすること。

しかし、これらの五つの考え方はそれぞれに利点があるにせよ、具体的な例によって分析していくとその非合理性がたちまち判明する。

たとえば、①のNHK的公平では、意見や立場であれば何でもとりあげねばならないという悪弊を招いたり、はずされた左右のいずれかに正答がある場合には重大な誤りをおかす。②では、明らかな詐欺や泥棒行為を警察が捜査している例で説明すれば、メディアがその両者の中間の考え方で泥棒と警察の言い分を平等に紹介するという珍妙なことになる。③では、たとえば南米や東南アジアの麻薬王は国家に対決し、暴力団山口組は本部の建築確認のことで神戸市役所と対立してきたが、麻薬王や山口組が善になってしまうという矛盾がおこり得る。④では、意見は実際にはひとの数だけあるから、すべてのひとに満足のいく意見紹介など不可能である。⑤であれば、現代のテレビに象徴的なように視聴者がもとめていることの証拠として視聴率と販売部数が唯一の指標になる。その結果、なんでもおもしろオカシク制作することで自己正当化をはかることになり、本当に重要な題材がないがしろにされまじめな論議がしにくくなる。しかも、そうした危険性がすでに現実に起きつつある。

現代社会におけるマスメディア、とりわけ放送の重大な責任を考えると、先述の公正観に立った市民主権によるあるべき地球社会の論理と倫理を踏まえ、そうした社会創造への連携と方向性をもった情報の取捨選択と送出の立場を現代のメディアは積極的に確立し、実践すべきだということになる。ここでいう「市民」とは、生活次元から世界大にいたる問題のあらゆる次元で、悪にたいしてすくなくともノーといい、そう行動するふつうの人びとのことである。また筆者の提唱してきたこの「積極的公正中立主義」では、これまでの人類社会がよりのぞましいものとして社会の健全な維持のための普遍的プラス価値、社会常識としてきたことを中心として、グレーゾーンについてはいくつかの具体例を出して議論をよびかける形で番組（記事）を制作、編集・編成してメディア活動を組み立てることになる。

4 「積極的公正中立主義」の基準

以下、報道における「積極的公正中立主義」について、A、取材・編集と情報送出の姿勢、B、情報内容の選択基準、C、「公正中立」を守り、維持する社会的保障、の三つのレベルから説明しておきたい。

［A、取材・編集と情報送出の姿勢］

メディアの送出情報はたんなる商品ではなく公衆の共有財産である。メディアはその情報送出行為を公衆・市民への奉仕の精神をもち、地球規模における市民生活の向上をめざして彼らとの緊密な連携のもとでおこなう。つまりメディアによって送出される情報は方向性としてはすくなくとも社会改革に賛同するかたちで編集され、基本的人権として市民の知る権利・コミュニケーションする権利、等の言論関連の権利に依拠して送出されるとともに、地球規模の健全な市民主権社会の実現のための報道の自由、メディアへのアクセス権を展望したものとなる。

［B、情報内容の選択基準］

第一　個人的レベル

①〈基本的人権と男女平等共生原理の尊重・プライバシー保護の積極的展開・反差別を基本とする社会構造の擁護〉

人類の存続にとって男女の結びつきとその結果としての子どもの養育は不可欠であり、現在のところそれは男女の相互尊重を基礎にした家族関係またはその類似枠組によってのみ実現される。そのための社会規範が今日的な「公序良俗」ということである。また、一人ひとりの人間は平等だという憲法上の規定からもふつうの市民がいくら努力してもなれない「身分」をもつ天皇制、王族制の存在は矛盾であり、現行メディアのほとんどに見られるような意味のない皇室賛美は遠慮されるべきだ。

②〈短期的視点での事実の報道と長期的視点での社会教育機能〉

メディアは市民がその帰属する社会の健全な維持に必要な判断材料を提供する。この視点からは教育・教養番組の確保はもちろんのこと、マスメディアの企業経営上の問題もふくめ、社会の権力機構の裏構造までその真実が明らかにされなければならない。

第二　社会的レベル

〈社会的諸問題の論評と解説〉

メディアの報道する対象はそれ自体として一般に分かりにくかったり、その関連項との比較がない場合には誤解が生じかねない。そうしたケースでは、節度ある自由の拡大によって歴史の進歩に貢献するという方向性をもった論評や解説が必要になる。

〈市民の討論と意見交換の場の提供〉

「泥棒は悪い」式の誰にも否定されない倫理基準がまだ出来ていないような社会問題や、結論へいたる道筋が複数ある問題、等についてはメディアが市民による自由な討論の場となり、討論と意見紹介の場を社会的に保障しなければならない。

〈娯楽提供の規範〉

原理としてはいかなる娯楽も、それがたとえ社会的に「倒錯」したものであったにせよ、他者に迷惑をかけないかぎり個人の私的空間においては許容される。しかし、メディアの場合は不特定多数の市民によるアクセスが前提となるから、その内容は男女を問わず市民一般が楽しめ、かつ人間社会の健全な発達に貢献するものでなければならない。

〈遠近法理論による報道題材と素材の選択〉

メディアによる報道トピックスが受け手からの関係の遠近によって選択されること。たとえば航空機や海難事故の場合、そうした事故をいかになくすか、あるいは事故原因の解明といった視点での記事は全世界的な共通課題であるが、犠牲者などの確認についてはその問い合わせ先さえ明示すれば個人名を発表する必要はない。また、日本メディアの場合、全体として日本人と日本社会（在日外国人・外国人労働者をふくむ）に関係する身近な情報が優先的に選択されるのは日本におけるメディア利用者の便宜からいって自然である。

〈世界的問題群の取り扱い〉

大気汚染、酸性雨、地球温暖化、熱帯雨林破壊、オゾン層破壊、多国籍企業の節税・脱税の仕組、武器の輸出入など、その解決に地球的規模の超国的取り組みが要請される問題を世界的問題群というが、国境を超えてそれらを積極的に取りあげ、地球社会の安全保障、生活者の幸福増進という立場からその解決法をさぐる。

〈記述における文化多元主義と普遍的価値の追求〉

世界のあらゆる文化（人間集団のライフスタイル）には違いはあってもその内容に優劣の差はないという認識を文化多元主義（多文化主義・文化相対主義）というが、この態度は他の文化への寛容という消極的立場からだけではなく、文化の相互尊重の精神で交流をはかるという積極的立場をとることになる。もちろん、人権の擁護といった歴史の進歩のための普遍的な考え方を是とするから、女性の家庭への押し込みをはかる一部のイスラム的考え方等をよしとしない。画一的な内政不干渉主義はとらないということである。

〈地球規模の市民主権社会の創造〉

相互に差別せず、差別されない、平等な人権を保障された市民のつくる、地球的規模の平和志向社会を創造するという姿勢に裏打ちされた情報の送出が必要となる。

[C、報道における「公正と中立」をまもる社会保障]

〈健全なジャーナリズムとは何かの社会的合意、公権力・社会的強者による干渉の排除システムの確立、広告主との関係の正常化〉

政治や経済権力の干渉がテレビ番組（新聞・雑誌記事）の内容を歪めることがしばしばある。民放にとっても自社の企業としての存続は不可欠であるが、①全国ネットの民放や新聞に広告の出せるのは政府を除けば、大企業（組織）にかぎられるという現実、②また時間的制約のため希望者がすべて広告を出せるわけではなく、大手広告企業がスポンサーの選定権を実質的にもっているという事情、などの是正を勘案した現行コマーシャリズムの再考が必要である。NHKの場合も人気の高い番組によって受信料金の徴収増加に結びつけようという局内的「努力」が過大「評価」され、その内実は民放と大差がなく、公共放送のあり方について全社会的に問い直す必要がある。

6　公衆のメディア参加

これには当面、①市民が希望する事項を放送局に伝える方法、②放送番組時間枠を買取り、スポンサーになる方法、③自分の制作した番組を放送する方法、④株取得による経営参加、市民がメディア企業を立ち上げること（NPO放送局や緊急地域災害FM）などの方法が考えられるが、法的かつ社会制度的な抜本的改革と公的・市民的支援が必要である。

〈ジャーナリスト教育・メディア教育〉

ジャーナリストが職能としての技術教育を超えたものであるとの認識による学校教育と研究の再編、ジャーナリストになるための教育の見直しと確立。また将来的にはジャーナリストになるための最低条件として半年ほどの「言論の自由と社会」といった研修コース受講の義務付けや、現役ジャーナリストによる五年おきの同講座（大学院レベル）の受講、メディア・トレーニングといわれる、巨大メデイアへの対処の仕方についての市民向け訓練といったことなどもふくまれる。

7　日本メディア委員会（仮称）の設立の必要性

現行の放送法や電波法による放送の国家管理を排し、市民参加をふくむ構成（①市民、②有識者・法律専門家、③およびオブザーバーとしてメディア事業者、政府・総務省や技術専門家、等）による社会的機関としての準行政的・司法的権限をもち、言論の多様性の保障のために、経営の困難なメディアには税金による経済的援助を実行できるような非政府機関の設立。さらにこの機関によって「日本メディア倫理綱領」等を作成、公布する。報道被害を少なくするため、違反者（社）には罰則を科す。また、政治的公平と「公正と中立」の研究をし、その具体的提示をおこなう。

8　日本映像資料館の設立

映像分野における国会図書館のようなもので、日本メディア委員会の付属施設。国内制作されたものだけではなく、日本へ輸入された映画、ビデオやCDなどの収蔵と一般開示をおこなう。当面は、日本で実際に放送されたすべてのテレビ・ラジオ番組等の提供を各放送事業者に義務付け、東京と大阪に主たる館を、札幌・仙台・広島・福岡に従たる館を置く。運営にあたっては著作権やプライバシーの侵害、商業利用などに注意する。

〈罰則〉

市民に奉仕するメディア活動の確立と市民の全面協力によるこの報道の「積極的公正中立主義」の実現にはジャーナリズムとジャーナリストにたいする社会全体の信頼感とコンセンサスの形成とともに、この「積極的公正中立主義」への敵対者にたいする具体的かつ効果的で厳正な対処法を同時に考えていかねばならず、その実施のための法的整備と提言を行う。

第八章　メディアの防災・減災への取り組み

1　はじめに

二〇一一年三月一一日午後二時四六分すぎ、三陸沖三か所を震源地とする日本の観測史上最大、マグニチュード九・〇の地震が起き、それが原因となった津波が三陸海岸を襲い、火災が発生し、死者、行方不明者は一万八〇〇〇人を超えている（二〇一四年四月一〇日現在）。地震と津波が全電源喪失の誘因となった東京電力福島第一原子力発電所事故（以下、原発事故）が地元のみならず、国境を超えて放射能を拡散させ、国際原子力事象評価尺度はレベル七の最悪事故との位置づけで、未だ収束せず、汚染水の流出は止まらず、原子炉の中で何が起きたのかも正確にはわからないままである。また原子炉の廃炉までには三〇年以上かかると政府発表にもあるとおり、「東日本大震災」と呼ばれる今次の災害は世界の災害史上、文字通り「未曾有」の「巨大複合災害」で、その被災者（将来の仮定被災者を含む、以下同じ）が直接、間接にどれほどの広がりを持つのか、きちんと語ることが今なおむずかしい状態にある。

本章の目的はこのような巨大災害を起こさない、起きた場合でも被害をできるだけ少なくするための日常的情報提供のあり方と減災効果を高める社会情報提供ネットワーク形成のための「心構え」とそのための情報の社会的共有法を探ることである。いうまでもなく、日本の防災学やメディア・コミュニケーション学はポリティカル・エコノミー（社会経済力学）的観点に踏み込まない弱点を除けば世界のトップレベルにあり、専門の論文や著作も多い。今次の災害についてもすでに膨大な資料や論考が公開されている。

筆者はメディアの倫理と法制のポリティカル・エコノミーを専門とするがその立場からすれば、今次のような原発事故を含む災害には人災的側面が多々あり、それらを含めた問題の解明が必至の課題である過酷災害発生時の減災情報論には従来的な議論を超えた検討が必要になる。社会思想的中立性を標榜した効果論的研究だけでは、情報発信側の内情と被災者の置かれた社会経済力学・心理学的状況が的確につかめないということである。具体例を挙げれば、初期段階でのＳＰＥＥＤＩ（文部科学省緊急時迅速放射能影響予測ネットワークシステム）提供データ利用の不適切性に代表されるように、防災議論が実態を反映しないことから他地域市民の関心が一過性になりやすく、現地被災者の心的被害がむしろより大きくなる可能性があることがはっきりしているからである。

本章では、政府が制定した関連諸法によるメディアを含む「指定公共機関」の協力による①災害前②災害直後③復興期のうち、主として前二者にしぼり、被災地域住民の被害軽減を目指した効果的情報伝達法の再編について述べる。その第一は、災害情報流通の阻害原因の検証、第二は、①政府②メディア③住民／国民（以下、市民）の三者による情報面からの減災共働、第三は、今後の日本における減災情報提供活動への提言であり、第四は、それらのことを日本の防災情報施策の俯瞰と市民の生命と財産を守り、安全で安心できる情報環境を被災者の目線で構築する報道姿勢としての「積極的公正中立主義」の立場から見直すことである。

2 減災情報の社会構造

2-1 震災発生後のメディアの対応

震災前の防災情報提供活動全般についてはメディアの実態を含め、議論すべき点は少なくない。しかし、震災勃発後のマスメディアは初期の原発事故報道を除き、「能う限り」の取材、情報提供活動をしたし、指定公共機関（後述）の活動も自衛隊の出動を含め、一九九五年阪神淡路大震災の村山富市政権時より格段に進歩している。それは今回の災害が昼間に起きたことにもよるが、阪神淡路震災以来の日本が防災・減災と救命活動研究に本格的に取り組み、その経験と成果を生かしてきたからである。そのため、今次は先にはなかった津波と原発事故が加わり、メディア自体の被災もより深刻で混乱が増したのだが、津波襲来の生映像を筆頭に、起きていることを政府や自治体よりも早く正確に国内外に伝えたメディアの奮闘の功績も大きかった。

半面、メディア企業が独自に大震災による激甚被害を十分に報道できる物理的体制を平時から準備しておくことの困難も露呈した。その物的、人的限界の下で、とりわけ地元メディアとその関係者がそれこそ生命の危険をおかしながら、報道の使命を果たそうとしたことは、たとえば河北新報社や石巻日日新聞社の出した震災直後の活動記録を読めばよく理解できる し（河北新報社 二〇一一、石巻日日新聞社 二〇一二）[i]、筆者が現地を何回も訪れインタビューした被災者たちもそのことを一様に認め、感謝していた。テレビ各局の初動放映内容については NHK 放送文化研究所メディア研究部によるレポート（『放送研究と調査』、二〇一一年五月号、六月号等）、新聞については各社の縮刷特別版や特別編集書籍、月刊『新聞研究』（日本新聞協会）などに詳しい。だが被災現場で生き残った人たちが寒さの中で孤立し、食料と情報が足りないと死ぬ思いでいたことまで当初の全国メディアはもちろん、地元メディアも伝えきれたわけではない。同時に、現地で多くのデマや根も葉もないうわさが多く見られたのも事実である。

マスメディアには平時対応の人員と機材しかなく、発災直後の現地では携帯・スマートフォン・パソコン等は通話制限・アンテナ倒壊・電池切れ・停電などで使えず……という状態であったから、被災者は①「自助」あるいは②近隣の人たちと「共助」するしかなかった。物流だけではなく、情報面でも災害直後の大混乱状況では政府（自衛隊）・自治体（消防や警察）などによる③公助が行き渡ることは不可能であったし、期待もできる状態ではなかった。同じ状況が阪神淡路大震災時の神戸新聞社や関西のテレビ・ラジオ各局にもあった（神戸新聞 一九九五、毎日放送報道局 一九九五）が、津波と原発事故が加わった今次災害での政府／自治体の対応責任とメディアの責任履行としてのアカウンタビリティ（「説明責任」は意図的誤訳、後述）については今後の減災実効化のために厳密な検証をしておく必要がある。

社会的余裕が出来てからのものでは、TBS報道番組『報道の日二〇一一 記憶と記録そして願い』（二〇一一年一二月二五日午前八時から一五時間の生放送）は視聴者が撮影した映像も交えて時系列に沿って編集、検証したすぐれたドキュメントであった。壊滅状態になりながらも迅速な「公助」が期待できない漁村、宮城県旧歌津町（現南三陸町）の馬場中山地区の自立活動を例として取材したNHKスペシャル『孤立集落 どっこい生きる』（二〇一二年一一月六日放映）も秀逸であった。筆者もこの集落を訪れ、自治会長やNHKの撮影者にもインタビューしたが、そこには昔ながらの地域共同体の助け合いの心が実践されていた。

放射能汚染の危険性についても一連のチェルノブイリ原発事故関連番組で警鐘を鳴らしたNHKだけではなく、民放各局が深夜帯で放映したドキュメンタリーもおしなべて高水準であった。ラジオでは震災直後から原子力発電問題の専門家小出浩章（京都大学原子炉実験所助教）をゲストにした毎日放送『たね蒔きジャーナル』が特筆される。新聞連載では朝日新聞のコラム「プロメテウスの罠」（二〇一一年一〇月三日から朝刊で連載開始）は関係者に深く取材し、これまでの原発展開に関するルポを超える水準にあり、過去の原発関連放送番組の総リストを作成したNHK放送文化研究所による仕事[ii]などとともに貴重な資料を私たちの情報面での「共有知」とすることに貢献した。

2-2　マスメディアの特性と限界

最初の地震から二時間あまりを経過した午後四時五四分頃、菅直人首相（当時）はメディアとの会見を「国民の皆さん、もう、テレビやラジオでご承知のように……」という言葉で始め、翌日の福島原発一号機建屋の水素爆発についても首相官邸や関係省庁幹部、東京電力（以下、東電）経営陣のいずれもが福島中央テレビによる自動記録映像の放映によって確認している。その爆発（当時の枝野幸男官房長官は「何らかの爆発的事象」と呼んだ）映像は地元で先に放映され、四分後に放送中の系列日本テレビ番組に割って入り、「煙が北に向かって流れています」との言葉とともに放送された。現場近くにいた警察官も爆発音を聞き、福島県警本部がヘリコプターでそれを確認し、首相官邸に伝えたが、反応は「官邸は確認していない、再確認せよ」との「お笑い」的な指令が出された。こうした対応しかできなかった官邸と東電などについては一二年二月二八日、福島原発事故独立検証委員会（略称、民間事故調、委員長・北沢宏一科学技術振興機構前理事長）も「首相官邸の現場への介入が無用の混乱と、事故がさらに発展するリスクを高めた」などと、これまた「自己保身的」な報告書を野田佳彦首相（当時）に提出し、厳しく指弾するポーズをとった。彼らがなにかといえばモデルとしたがる米国のブッシュ米大統領が〇三年の対イラク先制攻撃開始をピーター・アーネット（第Ⅲ部第一章参照）によるバグダッド現地からのCNNによる衛星中継映像で確認したように、少なくとも菅首相の最初の「言葉」は彼の落ち度ではない。問題とすべきは政府の最高首脳に大事な情報が迅速にとどかない体制そのものの欠陥である。

さらにいえば、ふだんは経営のために娯楽中心の支配メディアであるテレビだけに全国的な速報ができる装置と能力が備わっており、今次のような突発的巨大複合災害が起きたときには、国家の中枢にいる者よりも放送メディアのほうがしばしば、事態を早く国民全体に伝えることができる、逆にいえば、私たちはすべてのことを中央政府や自治体、自衛隊や消防、警察もしくは防災学者などに期待できるわけがないし、その事実を前提とした減災対策を立てることのほうが現実的なのだ。しかし、このこととその他の面での政府内部の事態把握と対応の不適切性とは別問題である。原発事故についての経済産業省原子力・安全保安院（以下、保安院）と東電の不誠実な対応は国民の生命と財産を守ろうとしたものだとは断じていえない。同時に、減災情報の提供者はマスメディアだけではないこと、それに市民が期待できることも全体の社会情報環境のなかでは一部にすぎないという認識のうえに私たちは対策を立てねばならないということである。

2-3　防災に役立つ情報の提供メディア

被災者は地震後の津波や原発事故による放射能汚染からの避難命令、勧告をどのようにして知ったのか。いちばん多かった答えは各地域とも「防災無線」とそこからの情報を相互に伝達しあった家族／隣人／知人からである。日本民間放送連盟が被災者五〇〇人を対象に行った調査によると、人びとが現地で津波避難の行動をとった情報は四九・五％が防災無線の拡声器、二一・六％がラジオで、テレビより多く（木村他　二〇一二）、新聞は発行システムの物理的制約からいってそもそも緊急通報など不可能であった。ところが、日本新聞協会（主要テレビ局も加盟）による震災一か月半後の調査では、岩手、宮城、福島三県関係者で避難所生活を送る人にもっとも役立っているメディアとして新聞を挙げた人がいちばん多く、全体の六割に近い。理由は当面必要な生活情報の多くが紙媒体としての新聞に掲載され自らの生活設計と合わせ、じっくりと読むことができることにある。一方で、震災直後に役立ったメディアとして、岩手、宮城両県ではラジオ、福島県ではテレビを挙げた人が最も多かったのは、今後の被災時の提供情報対策はメディア特性を精査したうえで立てるべきだということを示している。

筆者が岩手、宮城、福島三県の激甚被災地を歩き、被災者やメディア関係者にインタビューした経験では、被災者の多くが被災直後に欲しかったものとして、①家族・知人の安否情報と②食糧が並び、それに③「自分たちは孤立しているわけではない」という外部との「繋がり」確認による安心感であった。さらには原発事故による放射能汚染についても各局テレビが延々と流した「専門学者」による原子炉の構造などではなく、放射能が人、とくに子どもにどのような影響を与えるかという実際的知識（崎山　二〇一一）であると避難中の母親たちが一様に述べていた。しかも、それらの原子力発電関連学者たちは後に真相がわかると「想定外」と言いのがれた。

A：緊急時の津波避難には防災無線、B：被災直後の避難所生活等では身近な情報を伝える新聞とラジオ、C：原発事故による放射線被曝や避難では一斉同報の可能なテレビといったように、被災の種類と時間経過、地域等によって、どのメディアのどういう情報がもっとも有効であるかが決まるということである。必要な減災情報の価値基準は情報理論的にいえば、第一に「正確さ」、第二に「有用性」、第三に「信頼性／安心感」の三つにまとめられる。

2-4　減災情報提供理論の構築

一九九四年一月に米国ロサンゼルス郊外ノースリッジでそのちょうど一年後の阪神淡路大震災と同程度の地震が起きた時、筆者は現場を取材し、日本の地震防災体制の事前確立に役立てるためのビデオを制作、監修し、一般向けにも公開した（渡辺　一九九七）。その時、米国現地の高速道路が倒壊した場面を撮影し、日本の道路設計の専門家に、同じ規模の地震が日本で起きた場合、大丈夫かと訊ねたら、日本では起こりえないことだと答えた。しかし実際には翌九五年の地震で阪神高速がひっくり返った。以来、筆者は事業者と経済的結びつきのある専門家たちのアセスメントが信用できないことを知った。自称「原子力問題専門家」たちが電力会社とつるんでやってきた類似の社会力学的「加害」構造が今次の原発事故にそのまま見られたことを私たちは忘れないでおきたい。

これら「専門家」たちによる原子力発電の安全神話の崩壊は原子力発電から利益を得られるものたちの独善的な姿勢が原因となっており、①政財界と②メディアによって③市民に対して垂れ流された情報にはなんらの根拠がなかったことがばれてしまった結果である。原発導入から今回の事故にいたるまでの安全神話と世論形成の過程には広告主としての電気事業連合会とマスメディア、電力利用の独占を推進したい経済界、自らの住民を犠牲にしてまで税収を期待する現地自治体等の役割があったわけだ。またこの利益収奪構造が新聞と放送を問わずあてはまることについて、筆者はすでに具体的に論証している（渡辺　一九九五）。

これらのことから私たちが確認しておくべき第一点は、地震・津波のような自然災害と原発事故のような人災的側面の強い災害では減災施策においてもカテゴリーが違うということである。自然災害対策については、市民が自治体・消防・警察等との協力によって防災演習や共同体活動、教育面で学校との協力活動等をおこなうことで効果を上げることができる。このことは、今次の津波でも釜石市の小中学校の日常的な避難訓練が津波の人的被害を最小にしたのに対し、原発事故は住民の努力ではいかんともしがたいことからも明白である。第二点は、防災／減災／救済といった観点から被災者に役立つ情報提供を以下のような四次元の軸を想定した枠組みの確立を急ぐべきだということである。

第Ⅰ次元：時間軸（①災害の前②被災中③被災直後〔a．ライフライン断絶時、b．ライフライン復旧以後〕④日常生活への復帰過程）、第Ⅱ次元：被災地からの距離軸（①被災現場②被災地周辺③それ以外の国内④国外、その他）。第Ⅲ次元：災害の種類（①自然災害②人的起因災害一般③原子

力発電所事故④それらの巨大複合事故)。第Ⅳ次元：社会体制軸(①国家主導型②民間企業主軸型③自治体／共同体連携型④個人主義型／個人的努力依存型⑤その他)。

同時に、災害が実際に起きた時には事前の対策もマニュアル通りに動かない面があることをあらゆるケースに織り込んでおくこと、そしてこれまでの「防災」「減災」の議論にはポリティカル・エコノミー的観点が抜け落ちていたことを確認することから出発せねばならないということである。

3　公的情報発信者の責任

3-1　政府の責任

〔3-1-1〕国家／中央政府　日本政府は日本国民が選び、立法府を形成する政治家と行政府を支える国家公務員(特別職と一般職)によって税金を使って運営されている。国家公務員法はその第一章「総則」で「国家公務員たる職員について適用すべき各般の根本基準」を定め、とくに内閣については日本国憲法第七三条に事務掌理の基準が記されている。また、本稿でいう災害に関する法律としては①災害対策基本法②国民保護法③原子力災害対策特別措置法(以下、措置法)等があり、政府関係者は災害の予防、事後対処等に関する情

報発出と減災活動を指定公共機関などへの要請を含め、すべてそれら諸法に基づいて行うことになっている。

しかし、今次の原発事故では措置法第一五条にある「非常事態宣言を直ちに出す」という条項さえ守られなかった。原因は総理も経済産業大臣もその条文を知らず、官邸では六法全書のコピー回覧から始め、その宣言が出されたのは酸素爆発二時間後であった。また文部科学省が管轄しているSPEEDIは設定にしたがい予測データを的確に出したが、肝心の情報そのものが現場で被曝の危険にさらされた住民に伝えられなかった。そのため、関係住民は放射線量が高い北西（飯舘村）方面へ逃げることになった。加えて、文部科学省からこのデータを得た外務省は米国政府（米軍）にはそれを通報していた。つまりここでの日本政府は自国民の生命の安全よりも従米関係を優先していた。このことは後に明らかになる東電によるベント計画にもいえることであった。

また公務員特別職である政治家には国家公務員法に定められた活動をする義務があるが、実際の関心は次回選挙にあり、その時々の有権者の短期的要望と自己利益で動きがちである。そのため、執権政党の議員の有力な支持団体が求める土木工事等に必要以上の税金が注ぎ込まれる。今次の災害でいえば、防波堤・防潮堤への過度の期待演出もそうした構造の中から出てきている。この点では地方公益事業である電力会社にもたとえば、全事業の利益額の上限枠が事業規模の率で決められやすいことから、実際には生産原価の高い原発のような大規模事業が歓迎される。また軍事／経済の従米関係から、その強化に貢献する枠組みの中でウラン燃料の輸入が図られる。それがあるから日本で起きた事故であるのに、原発敷地内放射能汚染マップも東電によって日本国民どころか、日本政府への連絡前に米国に通報されるということも起きた。その米国の原発事業者もかつては日本用の濃縮ウランが自国による生産量では不足したときそれをソ連（当時）から調達し、日本へ供給していた。イデオロギーの対立よりも利益論理での「野合」のほうがビジネス現場では強いということが日常化している。

〔3−1−2〕　地方自治体　　日本における地方自治体の行政上の権限は、欧米諸国に比べて小さい。法的には自治体職員は地方公務員法でその身分を規定され、その内容は国家公務員法の「国家」を「地方」に置き換えればだいたい同じである。しかし災害時に市民が直接的にまず頼りにするのはそれぞれが居住する自治体とその職員であり、各地域の警察や消防も基本的に都道府県や市町村に所属している公務員である。また自治体ごとに地政上の特徴／差異があることを考えると災害前の防災活動と災害直後の対策については①自治体の権限強化と②それを準備し、実行する国からの財政支援を効率化・有効化する必要がある。

筆者は滋賀県大津市に居住しており、現場の防災体制の確認のため滋賀県庁を訪ねた。滋賀県では防災担当は防災危機管理局で、その下にそれぞれの部署があり、三・一一震災（東日本大震災）以後、災害対策基本法などの関連諸法に依拠しつつ、これまでの体制の見直しと対応強化が図られていた。指定公共機関との協力体制など、今までの計画に本当に実効性があるのかの確認がなされ、とくに原発事故対策では、原発が多い福井県に隣接していることと、環境社会学者である嘉田由紀子知事の指導もあり、県民の「アメニティ」（快適な生活）実現の究極的な保障措置の確立として取り組んでいた。インタビューした金子幸正地震・防災チーム主任によれば、防災行政は基礎自治体である市町村が一義的な責任を負う法体系となっていることから、県は管内の市町と協調・協議しながら防災体制の具体化を図り、消防や警察も各自治体との連携を進めている。また、発災直後においてとくに必要となる住民の自助や共助による災害対応力を育むため、地域の共同体や住民と相談しながらいざというときの減災事前活動に力を入れているということであった。しかし、後に福島からの放射性物質を含んだ廃材などの無断持ち込みの発覚などがあり、そのことは自治体間の連係と民間業者の監督の必要性を示している。

3－2　指定公共機関

災害対策基本法は災害が起きたときの国民の生命と財産を守るための活動責任をもつ機関

として、①内閣府や保安院、防衛省などの「指定行政機関」②管区警察局、総合通信局などの「指定地方行政機関」③独立行政法人防災科学技術研究所や日本銀行、日本赤十字社、日本放送協会（NHK）などを「指定公共機関」として挙げている。また、これと同様の規定が国民保護法や武力攻撃対処法などにもある。

自衛隊はそうした指定機関の一つで、日本最強の物理的起動・対応力を保持し、法的にも実際面でも期待される存在である。しかしながら、震災当日、宮城県の松島基地に駐機していた戦闘機とヘリコプター二八機のすべてが津波に流されてしまった。また、石巻赤十字病院（指定地方公共機関）管内の救急車一七台のうち、一二台が地震と津波で破損してしまった。いざというときの救済手段そのものが破壊されてしまったわけだが、自衛隊でも消防でも、自治体や医療関係機関、さらにはメディア組織においてそれらのことが起きても、原因が「悪意」によるものでない限り、次へのより有効な備えになればよく、誰も責めたりはしない。しかし、大型土木事業や震災までの原子力発電事業はこれとは違い、経済的利益至上主義による「政治／経済複合加害構造」の産物である面が否めず、装いだけの科学ではなく、政治姿勢と経済構造を含めた総合的精査の必要がある。

3-3　防災無線

防災無線システムは通常の通信システムが停電等で無力化した場合や地上系無線の障害・回線不足などの異常／突発事態にも機能するように設計され、①「移動系」（自動車搭載など）②「同報系」（屋外スピーカーなど）③「テレメーター系」（観測点と指令所などの連絡など）の三種類がある。「都道府県防災行政無線」はこの中間に位置し、都道府県庁と市町村役場・県出先機関・防災関係機関を結んでいる。またこの防災無線は、内閣府・中央省庁二六機関・指定公共機関（ＮＴＴ・ＮＨＫ・電力会社等四九機関、各地の民放局）・防災関係機関（東京災害医療センター等九機関）を結ぶ「中央防災無線」から「消防防災無線」や「地域防災無線」などまで多様である。

今回の激甚被災地でも自ら津波の犠牲になるまで住民に避難を呼びかけ続け命を失った職員のいたことで知られる南三陸町役場防災センターも同報系防災無線を備えており、その点ではこの防災無線システムについての日本の技術とネットワークは高い水準にある。とはいえ、ここでも津波予想や原発事故における中央から現地へ送信される情報そのものの正確性、地方公務員の認識度や市民の行動との間の不整合といった改善点が指摘されている。

4　メディア／情報提供者の使命

4-1　指定公共機関としてのマスメディア

日本の放送はテレビの場合、NHKは東京の放送センターを拠点に県庁所在地等、主たる地域に地方放送局を配置している。民放には在東京のキー五局とその系列の地方局および独立UHF局があり、災害時でも空中（衛星）波、地上波ともにおおむねその系列全局に発信される。ラジオの場合にも全国ネットと地方局、それにパブリックアクセスとしての緊急地域災害FM（臨時災害FM放送）などがあるが、各地域のケーブルTVを含め、巨大災害発生時には①現地からの断片的情報と②中央政府による対応情報の中継的役割が中心となる。そのため、それらの情報はしばしば編集やチェックなしの「垂れ流し」状になり、今次も原発事故でそれが起き、関係住民の被害が大きくなった。

たとえば、大阪に本社をもつ関西テレビの場合、そのガイドラインにはこう記されている。「関西テレビは法律により有事等、国の緊急事態に対して国民を保護するための措置を実施する〈指定公共機関〉としてすでに指定されています。その具体的な内容については、国民保護法により国から発令される警報の発令と解除の放送、都道府県から発令される避難指示の発令と解除の放送、緊急通報の放送を行うという義務を負っています。また災害対策基本法に基づき、放送エリア内の自治体との間で大災害時の放送協定を結んでいます」（関西テレビ　二〇〇七：一五五）。

4-2　放送法制上の防災活動義務

日本における放送は電波法第四条の「無線局を開設しようとする者は、総務大臣の免許を受けなければならない」とあるように免許事業である。これは通常、施設免許だと学界では理解されているが政府／官僚はこの条項によって放送内容に関与できると考えている面がある。放送内容については放送法に規定があり、それに従ってNHKも民放各局もそれぞれに番組基準（一般には「放送基準」といわれる）を定めている。民放の場合は日本民間放送連盟（略称、民放連）がまず基本となる基準を定め、加盟各局がそれぞれの事情に合わせて独自の条項を付加している。

災害の場合の放送については放送法六条の二にこうある。「放送事業者は、国内放送を行うに当たり、暴風、豪雨、洪水、地震、大規模な火事その他による災害が発生し、又は発生するおそれがある場合には、その発生を予防し、又はその被害を軽減するために役立つ放送をするようにしなければならない」。これに関し、災害対策基本法は災害を「暴風、豪雨、豪雪、洪水、高潮、地震、津波、噴火その他の異常な自然現象、または、大規模な火事、もしくは、爆発等により生ずる被害」であるとし、両者ともに原発事故を「その他」とか「等」として、一九九〇年に特別措置法が制定されるまで対象として考えてこなかった。

また、市民による日常的な情報は政府や自治体からの直接受信ではなく、メディアを通した間接的なものであることがほとんどで、しかもそれらはメディアが独自に取材したことであっても、政府や広告主である民間企業が市民に知って欲しいと望む「広告/広報」的内容になりやすい。これらのことは市民が正しく情報を理解するには市民自身のメディア・情報リテラシーの向上が肝要であることを教えている。加えて、今次のような非常時においては政府がいかに対応できるか、対応すべきかということの重要性とともに、ラジオ石巻の非常用自家発電燃料が発災後四時間ほどで切れてしまった例などを教訓に、メディア自体の緊急時の情報活動に備えた日常的準備も官民一体となって整えておく必要がある。

4-3　新聞メディア

今次の災害現場における紙媒体新聞、とりわけ地元新聞は日本新聞協会新聞倫理綱領の精神をその活動によって見事に体現した。筆者が直接の被災者たちから聞いたのは、「石巻日日新聞」(本社石巻市)、「三陸新報」(本社気仙沼市)、『河北新報』(本社仙台市)の3つのケースである。石巻日日新聞社は地震と津波の翌日、停電の中、水没を免れた新聞印刷巻紙を切り取り、編集部員総出で手書き号外新聞を作り、コンビニや避難所に貼り出す作業を翌日一二日から六日間続けた（石巻日日新聞社 二〇一一：渡辺 二〇一二）。命からがら避難した人たちはそれを見て、自分たちは忘れられてはいないのだとの安堵感を覚えた。そのことは車のバッテリーを電源としてパソコンとコピー機を動かして翌一二日付けからA４判一〇〇〇部のコピー新聞を避難所に配った『三陸新報』、災害時の新聞発行相互援助協定を利用して新潟日報社に編集工程を依頼し翌日版を発行した『河北新報』にもいえる（河北新報社 二〇一一）。

停電し、テレビもパソコンもお手上げ、道路も寸断され、配達所／配達員が被災している中で、やっとの思いで新聞が届けられた避難者は「日本に住んでいてよかった……」と口をそろえた。これは新聞とその発行社（者）が食糧供給と同様のライフライン的役割を果たしたということである[iii]。部下とともに獅子奮迅の働きをした河北新報社武田真一報道部長と石巻日日新聞社武内宏之報道部長（ともに当時）にインタビューしたが、両氏とも被災地では二万人以上の生命が失われた事実の重みをかみしめて今後の取材、報道にあたっていきたい、また今度の震災であらためて全社員が報道の使命を体得したと筆者に語った。また、その後に出会った、河北新報社一力雅彦社長も新聞人としてとにかく新聞を出すことが読者のニーズに応えることになると、全社員一丸となって働いた、復興にもメディアは読者とともに歩むしかないと語ってくれた。

4-4　インターネット

日本では一九九五年からインターネットが一般利用されるようになり、阪神淡路大震災では家屋と高速道路の倒壊や火災シーンがネットによって国外にも広く知らされた。今次の災害でもネットがテレビによる津波映像を「無断」借用して同様の役割を担った部分が多くあったが、被災現場では停電／電池切れやアンテナの倒壊、非常時の通話制限等で、携帯電話さえ使えないところが多かった。しかしネットがつながる所では有効な情報の送受信手段として活用された。また、ワンセグや緊急通報装置はテレビに準じた一斉同報システムとしても効果的であった。

もちろん、現地でのネットの本格的な活用はアンテナ修復や通電によるネット環境の整備以降である。しかし、一方通行になり易いテレビや新聞ではむずかしい被災者同士の通信、あるいは広大な被災地の特定ケースの問題をそれぞれに全国に訴え、NPO／ボランティア活動諸団体との連携や異なった避難所に分散された集落民の相互連絡に活躍したのがソーシャルメディア（SNS／Blog, Line, twitter, facebook など）であった。筆者は国や自治体の対応が遅く、自分たちでＳＮＳを使って資材を調達し自前で幹線道路に繋がる私道「未来道」を造成したり、全滅した漁船の調達支援を国際ＮＧＯから得た宮城県南三陸町旧馬場中山地区のような例に注目する。

４－５　メディアの構造的タブー

ＮＨＫの場合、総合テレビ午後七時のニュースが局内最重要の位置づけで、午後九時のニュースがそれに続く。それら二つを分析すれば、ＮＨＫだけではなく、日本の執権層がＮＨＫに期待する社会問題の捉え方と方向性が類推できる。そのため、全国の新聞社も自社独自のスクープか重大な地元ネタでもないかぎり、ＮＨＫニュースのアジェンダ（報道項目の重要度）を参考にしながら翌日朝刊の一面トップを決めることがしばしばあるし、実際、重大ニュース／報道の場合、ＮＨＫ報道で再確認して自社報道をしている。だが、そのＮＨＫは純学問的つまり事実に基づいたストレートで非政治的（apolitical）番組作りそれ自体が日本社会の主流の意向に反する内容になる恐れがあるときにはそれらの項目を上記ニュースの時間帯から外し、深夜帯もしくは「総合」以外の「教育」や「衛星」チャンネルに回すことが多い。今も原発に批判的な番組には東電や通称「原子力ムラ」の関係者／社からの猛烈な抗議や政治的裏工作がなされることがある。表面化したものでは、二〇一一年一二月二八日、

ＮＨＫ総合放映『低線量被ばく 揺らぐ国際基準』（追跡！真相ファイル）、民放番組でも震災から半年目の九月一一日、ＴＢＳ放映、震災報道スペシャル『原発攻防一八〇日の真実 故郷はなぜ奪われたか』への抗議などがあり、東電が「事実と異なる内容や誤解を招くおそれのある内容が報じられ……」といった表現で自分たちのホームページ上に異議を掲載などしている。

5 減災情報提供のシステム的混乱

5－1 過去記録蓄積への努力

大災害をもたらす地震や津波が人の一生の間に連続して起きることはあまりないから、過去を知るには文書（公的・私的）、ときには地質学や民俗学もしくはオーラルヒストリーによる記録が必要である。吉村昭が三陸沿岸部を歩いて聞き書きした小説形式の記録なども参考になる（吉村昭 一九七〇）。にもかかわらず、今次の災害後に政府各組織で開催された関係会議のいくつかの記録がその決定事項と討議経過の双方ともに残されていないことが、調査権を持つ福島原発事故関連調査委員会が国会内にできてから明らかになった。これらの失策は内閣府の公文書管理委員会規則の違反でもあり、コンプライアンス（後述）としても問題がある。一方で、政府をあてにできない有意の市民が中心となったＮＰＯ法人二〇世紀アーカイブズ仙台などが被災地の写真を集め、宮城県塩釜市では住民が撮影した動画を収集、公開したりしている。そうした活動が各地で自発的に始まり、防災の基礎作りが進んでいる。阪神淡路大震災の被災地では、市民・行政の協働で運営されている人と防災未来センターが活動し、震源地の淡路島にも実際の断層をそのまま展示している施設ができ、自治体と市民との協力で日本が変わりつつあることに希望がある。

5－2　事態対応への専門体制の不整備

今次災害現場での自治体職員、自衛隊や消防、警察の頑張りは特筆に値する反面、政府中央と東電を代表とするその他の関係組織との連携不備や災害に対する日常的不備と意図的ともいえる怠慢は問題をより大きくした。このことはとくに放射能汚染問題にあてはまる。米国の場合、災害対応は冷戦時代の社会主義陣営による核攻撃やテロへの対応を基本に設計されており、敏速な情勢把握が必須の条件となるが、日本では肝心なところは今なお米国依存つまり「従米」になっている部分がある。また戦後政治の中で作られた保守政権政党と官僚との不適切な関係が今次災害の民主党政権では官僚のサボタージュという別の意味での不安定要因となり、従来的国策として推進されてきた原子力発電事故への適切な対応困難を露呈した。

5－3　政府データへの不信

首相官邸の混乱と拙劣な対応、東電の不誠実さと隠蔽体質はＳＰＥＥＤＩデータの非公表問題をはじめ、その他の貴重な情報がしばしば米国／米軍にだけ通報されていたことからも明らかである。その構造の中で政府の発表データは外からの突き上げを「テキトーにあしらう」やり方でしか外へ出されず、それのみがメディアによって垂れ流され、政府とメディア双方への信頼度の低下となった。また情報提供の基本が国民の生命と財産を守るためであるという最も大事なことが忘れられたために、国民は自己防衛するしかなくなり、それが「風評」の一人歩きをはじめとした、三・一一震災で露呈した日本の社会情報環境の脆弱さの根本にある。にもかかわらず、その事実を政府もメディアも十分に自覚されていないばかりか、国民の情報リテラシーとしての「共有知」にもなっていない。

5－4　学界や政界と事業者との金銭的癒着

権力と政治経済界、学界／学会、メディア企業相互の反倫理的癒着は根強く、今回の原発事故でもその一部が見えてきた。一年後の新聞記事を拾ってみても①「原子力委三人に一八〇〇万円寄付、業界から五年で」（朝日新聞大阪本社版、一〇年二月六日朝刊）、②「副議長が原発工事受注　福井・高浜から三億円超」（京都新聞、同二月八日朝刊）、③「一一委員　規制先から報酬　保安院公表〈問題ない〉」（朝日新聞大阪本社版、同二月一〇日朝刊）……と続いている。①は福島事故後に作られた日本の原子力政策基本方針を決める委員会の専門委員の学者出身三人のすべてが原発業界からの寄付金を貰っていたことの発覚で、②では原発立地自治体の町議会副議長が自分の経営する会社に、関西電力からの工事受注工作をしていたばかりか、その町議会が福島事故後の一一年九月に「今後も原子力を堅持すること」という意見書を採択し、国に提出していた。③では保安院の審議会や意見聴取会に所属する研究者が、審査対象となる電力会社や組織から報酬を受けていた。

上記のいずれも現行法では贈収賄の罪には問われないが、倫理的には深刻な腐敗関係だといえよう。原発継続論が意見の一つとして主張されてもよいが、それら意見の主導者の反倫理的実態と、彼らがこれまで主張してきた安全論主張の原因と虚妄がそこからも明らかになってくる。さらに、福島県の発表でも県内で原発事故が間接的な要因となって、一六〇〇人以上の死亡（原発関連死）者がすでに出ているから（二〇一四年一月現在）、そうした学者たちの言動は過去にさかのぼって検証しておかねばならない。

5-5　用語の意図的誤用

今次の災害で政府や原発・土木関係者がいちばん誤用した言葉は「想定外」であった。不都合なことを「想定外」の津波のせいにするのは柳田邦男もいうように（柳田　二〇一一）、原発推進者側の「罪」である（渡辺　二〇一一）。素人／一般市民が想定できないことを「想定」して事前対処するのが専門家であるのに、彼らの語法は自己利益主義（「自分さえよければそれでよい」式行動パターン）の典型であった。この言葉の意図的誤用は原発事故についての政府（首相や官房長官など）による「収束」という言葉の使い方にも通じている。政府による国民だましとそれらの「専門家」たちと事業者による利害関係が重なり、しかもメディアがそれを増幅報道するから、市民の不信感が増大する原因になっている。ただし地震と津波については現在の科学では正確な予測が不可能だから、真摯になされた予測に誤りがあってもそのこと自体を責めたりはできない。しかし、土木信仰は作られた「虚偽」に基づいている。

原発事故と同様の仕組みでの意図的誤用による加害に「法令遵守（コンプライアンス）」や「説明責任（アカウンタビリティ）」がある。前者は現行法を守りさえすればよいと曲解され、現実の事態に従来の解釈では対応できなくなってきたとき、本来の意味である法令制定の目的と精神を遵守し、法改正を展望するという方向性が消されてしまっている。本来は個人や団体、政府等の社会に対する応答責任（answerability）を問い、企業の場合にはその所属社会の善良な市民倫理、つまり「企業市民意識（corporate citizenship）」を求めるものなのである。この誤用は「説明責任」にもいえ、「とにかく説明さえすればよい」と曲解され、原語のアカウンタビリティ（accountability）の持つ「社会的責任の自覚と対外部への言動履行義務」（デニス・マクウェール 二〇〇九：五〇二）という理解がここでも「意図的」に消されている。震災勃発後の枝野幸男官房長官（当時）や保安院スポークスマンによる「放射能レベルは直ちに人体に影響が出るものではない」といった発言や態度がその典型で、これまた国民だけではなく、諸外国からも日本政府への不信感を増幅させた。

5-6　風評「加害」の構造

理論的にいっても、情報の①取材②編集③送出④オーディエンスによる理解という過程には個人の心的態度や能力差、雑音などが入らざるを得ないから、「うわさ」的要素とはいわないまでも、関係者の解釈の幅がかならず出てくる。そのため、「算数的な正確さ」だけの情報伝達など人間間にはあり得ない。ましてや一般人の思い込みや想像・願望が入り込む「風評」は人間コミュニケーション上、避けられないものだ。しかしそれを少なくすることはできる。そのために私たちにできることは①信頼できる情報を見分ける力（情報リテラシー）を高め②政府やメディア企業に正確な情報を発信させるようにし③市民や研究機関がチェックできる社会情報環境を作ることだ。とくに原発事故関連での②については、NHKスペシャル（総合）やETV特集（教育）、BSドキュメンタリー番組が光っている。たとえば、一二年一月一五日にNHK総合が放映したスペシャル番組『放射能汚染　海からの最新報告』は政府がやろうとしない海中、海底の放射能汚染を計測し、市民にとって想像することしかできなかった現時点でのより正確な情報を提供した。

誰しも「安心して食べられる」食糧を確保したいが政府や東電が信用できないから困惑している。一例を挙げれば、東電による安全データ捏造を政府機関である保安院に告発した協力会社員の名前をその保安院がこともあろうに東電に知らせ、告発者が報復されたといったマイナス的事実（二〇〇二年）やその他のひどい事例の積み重ねがいくつもある。その二年前の中国製毒入りギョーザ事件のとき、東北を含む多くの日本人が基準をクリアした他の中国製食品まで敬遠したし、一三年に日本で起きた冷凍食品への農薬混入時にも同様のことが起きた。だから福島の原発事故現場から、貯水能力を超えた放射性汚染水が突然海に放出されれば、近隣諸国民が日本の海産品を不安がるのも無理はない。しかも、日本政府と外務省のカバーが後手に回り、風評「加害」を後押しし、福島の事故現場から汚染水が海中に拡散し続けているのに、安倍総理が平然と「汚染水については一定海域に封じ込めている」（一三年九月）とＩＯＣの五輪開催地決定前の虚偽演説で大見得を切るのだからどうしようもない。風評とその被害を抑えるには情報発信者の政府がまず人びとに信頼されねばならない。それができなければ、国民全体で間違えて、国民全体で反省し、結局は国民が犠牲になる構造がこれからも改善される見込みはない（渡辺 二〇一二）。

５‐７ 論点のすり替え

阪神淡路大震災のときもそうであったが、日本では巨大災害を「国難」といい、「みんなで頑張ろう」という大合唱が起きる。今次も発災直後のメディアにはＡＣジャパン（旧・公共広告機構）のコマーシャルと「絆」（国際的にはKIZUNA、BONDS）の文字があふれた。だが、それらは一時的な励ましにはなっても、本質的な復興にも次の災害来襲への対策にもならないどころか、災害の人的起因部分を覆い隠すことにもつながる。原発事故報道では、メディアは当初、発電システムや発電炉内の図面を示して放射性物質についての解説をするばかりで、人的被害の実相を科学的・哲学的に深い次元で説明できなかった。さらには自分たちが「安全神話」作りに協力してきたことへの自己反省もなかったから、「社会の灯台」としての役目を果たせず、現在では、メディア登場者のだれの意見も信用されにくいという状況になっている。こうした現象を米国のメディア学者Ｊ・カペラとＫ・ジェイミソンは「シニシズム（冷笑主義）の螺旋」（平林紀子他訳『政治報道とシニシズム―戦略的フレーミングの影響過程』ミネルヴァ書房、二〇〇五年）と呼び、民主主義の危機と捉えた。自己反省を込めていえば、こうした状況の打開には権力迎合的学者とメディアの知的退廃といってもよい状況の是正から始めねばなるまい。

6 メディアの社会的責任再考

6-1 メディアの社会的機能

メディア学では長い間、マスコミ四媒体（①新聞②雑誌③テレビ④ラジオ）を基本として議論してきたが、現在では⑤インターネットが有力な統合メディアとして登場しており、そのことを踏まえ、各メディアの特性を機能的に組み合わせた社会情報環境の整備が必要になってきている。

筆者はこれまでメディアの社会的機能について以下の九つに分類し、議論してきた。①正しい社会情報の提供②論評と解説③市民への議論の場の提供④学校教育の補完と生涯教育への協力⑤社会改革キャンペーン⑥娯楽の提供⑦広告媒体としての役割⑧慰安・福祉機能⑨災害予防と災害時の緊急情報提供（渡辺 二〇〇四）。これらのうち、①から⑧は主として平時のメディアを想定し、⑨が平時の防災活動と減災社会教育および非常時のメディアによる対応についてのものである。同時に①の「正しい社会情報の提供」が前提となり、減災機能という点では、たとえば「釜石の奇跡」と称されたような「④学校教育の補完と生涯教育」推進による日常的な災害対応へのメディアによる主体的協力が同時並行的に求められることは言を俟たない。また避難所における「和み」や「安らぎ」を作るには⑥の「娯楽の提供」も重要であり、実際に今次の被災地でも各地で歌手などの慰問はもちろん、テレビのお笑い番組が避難所などで楽しまれた。

つまりこれらの九つの機能はすべてなんらかの形で相互に関係しているということだが、今後求められるのは、先述した防災／減災／救済の連関の視点から被災者に役立つ情報提供の四次元枠組みを確立し、減災情報を捉え直すということである。

6-2　責任所在の理論化

メディアの社会的機能を上記のように考え、今次の災害事例を情報民主主義の立場から検証すれば、市民生活の「アメニティ（快適さ）」と「セキュリティ（安全と安心）」の確保を目指したメディアアカウンタビリティの確認が肝要だということになる。また、「想定外」の誤用例を含め、社会的討議をするときの共通概念の確立と「共有知」拡大の努力を継続していければ、意図的な議論の空回りをある程度まで防ぐこともできる。

政治／経済の分野は同時的に多くの人びとの利害に関わる事柄であり、そこでの問題は徹底的な原因解明と責任所在の明確化をすることが当然のこととなる。筆者はそうした立場からの社会的責任論を以下のレベルの検証によって行ってきた。①CSR（corporate social responsibility）→企業の社会的責任②帰責事由・起因責任（causal responsibility）→誰が問題を起こしたかの明確化③購入者責任（caveat emptor）→買い主／購入者による危険負担（市民の自己責任）④社会的・法的責任（liability）→株主をふくめた有限責任（工事施工者や東電の責任）。メディアについてもこうした社会的責任枠はあてはまるし、法的責任（liability）はともかく、個々の記事や番組における過去の失点（原発安全広告など）にも倫理・道義的責任は免れ得ない。倫理的責任は株主をふくめた有限責任を超えた、ひろく社会一般のアカウンタビリティの対象となるからである。

6-3　住民／市民の責任

〔6-3-1　情報リテラシー〕　どのような情報も受け取り方によって理解の仕方が違ってくる。また同じ情報でも表現の仕方によって受け取られ方に違いが出てくる。それらの情報が映画スターの好き嫌いや特定サッカーチームの応援といったレベルのものであれば、

個人の自由である。しかし、災害という一定の人びとへの共通の加害性（負の公共性）をもった非常事態についてはそれでは困る。市民個々人にも被害者になる度合いを小さくするという観点からだけではなく、自らの生命と財産を守るための情報検証のノウハウを日頃から積極的に学習しておくことが求められる所以である。さらにいえば、日常的に接している放送や新聞、あるいはインターネットなどがどのような質的長所と欠陥を持っているかを学習しておく必要がある。それがいざというとき、自分を守ることに確実に繋がる情報リテラシーである。

〔6-3-2　メディアと市民の反省〕　現在の日本の放送や新聞には二つの深刻な問題がある。第一、政治／経済（経営）的理由で、特定分野における情報発信活動での制約があること、第二は、災害が起きても、即座に情報の正確な分析をし、それら情報の社会的位置づけをしたうえで報道できるだけの陣容が現在の企業メディアには備わっていない、つまり複雑に入り組み高度に専門化した社会ではジャーナリストの程度がそれについて行けていないということである。たとえば、震災以前には人びとに強固な防潮／防波堤への過度な信頼をさせ、原発問題では政府／保安院、電力会社とその関係学者たちの安全神話作りへの加担によって、結果として被害を大きくしたメディアの罪は小さくはない。

そのことは平時における災害関連情報についてだけではなく、災害が発生した後でも、根拠の希薄な情報が検証なく発信、増幅され、風評「加害」を助長してきた面がある。その防止には①メディアの自己改革努力と②情報の社会力学を含む市民の日常的なメディアリテラシー向上への総合的な対応が欠かせない。

7 今後の課題

今次の巨大複合災害を哲学者の梅原猛は「文明災」と呼んだが、寺田寅彦はすでに八〇年前（一九三四年）、それと同じことを科学への過剰依存批判とともにエッセー『天災と国防』で指摘している（寺田 二〇一一年）。一九七〇年に京都で開催された第一回国際未来研究会議のゲストスピーカーであった『巨大機械―ビッグ・マシン』（一九七〇年、邦訳は松井巻之助訳、早川書房、一九七〇年）の著者ロベルト・ユンクも「巨大技術のもつ欠陥をその長所とともにその利用者が想像（imagine）できないと大変なことが起きる」と警告し、筆者とのランチの席ではコンピュータへの過信と原子力〈平和〉利用が大きな問題になると語っていた。同様のことはその後、技術過信を戒めたカナダの心理学者ジェラルド・ワイルドの「リスク・ホメオスタシス理論（リスク恒常性理論）」による警告や先述した防潮堤頼みの津波対策に代表される「土木による自然への対応力」への過信とも通底している。

減災情報の提供では、先述した被災者に役立つ①情報提供の四次元枠組みを確立し、②メディア特性を生かし、官民を効果的に結ぶ組織的活動と住民の側の自発的参加の潜在力を高めることが、「自助・共助・公助」の協働意識の希薄化が進行している現在、とりわけ大事だということである。とりわけ、原発の安全神話作りは戦後日本の対米従属構造の下で、経済と政治的利益の優先および法令認可、予算、人事、広告等で政財界の意向を汲んだメディアがその構造を支えることによって実行されてきた。だが、さらにその根本には、工業を重視することで農漁村地域の生活水準を相対的に低くした結果としての農林水産業の減衰およびそれら地域の過疎化と貧困が遠因となり、地震と津波が予測される場所にさえ、電力会社からの税収と各種補助を当て込んだ地元による原発の誘致活動が起き、それに電力会社と電力消費地住民のエゴが重なるという暗部が災害の背後にあることを忘れないでおきたい。

以下、本文で十分に展開出来なかった事項を今後の課題として列挙しておく（順不同）。

1　人間は自然の一部であるという自然観、社会観（世界観・倫理観・歴史観）を徹底すること。

2　社会情報流通の最大目的が住民／市民の生命と財産を守ることであることを認識し、あらゆる情報を被災者（将来の仮定被災者を含む）目線で捉え直しておくこと。

3　弱者の犠牲を前提とした日本社会の発展という考え方が本末転倒であることはすでに水俣病や沖縄米軍基地問題などで学習済みであることとの確認。

4　天災、人災を問わず、その関連対策や事業に直接関わる者（事業者・政治家・学者・評論家等）との経済的利害によって情報歪曲が発生しない仕組みを作ること。

5　原発事故の起因責任は歴代自民党政権と経済発展至上主義、無原則な従米構造にあり、菅直人内閣による事故後の対応能力の低さは首相の資質の低さだけではなく、それらの結果にすぎないという事実を忘れないこと。

6　西欧型民主主義、資本主義社会のメディアにも「言論の不自由」をもたらす特定の弱点があること、およびメディアの報道は現実の一部に過ぎないことを社会全体の「共有知」として認識し、それらの弱点を克服する努力をメディアワーカーが求められること。

7　メディア側は事業者とメディアワーカーが協力し、防災分野の専門記者を日頃から養成し、同時に、信頼できる学者等との連絡を密にしておくため、独立した研究会や自律組織を整備しておくこと。

8　政府・自治体による災害アーカイブズ（現物、映像、データ等）と災害研究センターを充実させ、災害発生時の「共働」と共助の体制を整えておくこと。

9　住民／市民が情報リテラシーを向上させ、情報発信者側（政府・自治体・マスメディア・学者／専門家・ＮＰＯ等）の意見を批判的に検証できる力をつけ、情報民主主義を向上させること。

10　中央政府と自治体は防災・減災活動を物理的建造物設置というハード面重視施策を転換し、防災教育を含め、メディア特性のベストミックスによって、市民の参加と主権による日常生活の安全確保という観点からの情報／ソフト面の充実を市民の安全・安心確保の立場から再考し、その整備を図ること。

たとえば、東日本大震災激甚被災地の一つである岩手県上閉伊郡大槌町では碇川豊町長の提唱で、「大槌メディア・情報センター」（仮称）を立ち上げ、町内にある従来からの情報インフラ資源と被災以降に立ち上がった町民相互の情報発信、日常的防災教育、外部への情報発信を防災無線、紙媒体新聞、緊急地域災害ＦＭやコミュニティーラジオ、ケーブルテレビなどを総合利用して町民の暮らしの安全と向上を図ることが計画されている（二〇一四年六月現在）。この試みは日本で初めてのもので、中央政府もソフトとハードの両立から融合への転換をめざすそうした自律的な末端自治体の活動を積極的に支援すべきであろう。大事なのは物的サポートと同時に、人には他人に伝えにくい悩みや苦しみがあることを知り、防災・減災情報はそこに踏み込むことなく、それを溶かすような情報提供と配慮が必要だという認識である。そうした考え方が被災者の物心両面からの早期リカバリーと防災体制を強固にし、発災後の物理的なサポートをより有効にするであろう。

【参考文献】

石巻日日新聞社編（二〇一一）『6枚の壁新聞 石巻日日新聞・東日本大震災後7日間の記録』角川書店（SSC新書）

河北新報社（二〇一一）『河北新報のいちばん長い日　震災下の地元紙』文藝春秋

関西テレビ番組制作ガイドライン制定委員会（二〇〇七）『関西テレビ　番組制作ガイドライン』関西テレビ放送株式会社

木村幹夫・浅利光昭執筆（二〇一一）『東日本大震災時のメディアの役割に関する総合調査報告書』日本民間放送連盟研究所

神戸新聞社（一九九五）『神戸新聞の一〇〇日—阪神大震災、地域ジャーナリズムの戦い』神戸新聞社

崎山比早子（二〇一一）『母と子のための被ばく知識——原発事故から食品汚染まで』新水社

田中智佐子「メディアと災害予防」渡辺武達、松井茂記編（二〇〇四）『メディアの法理と社会的責

任』ミネルヴァ書房
デニス・マクウェール著、渡辺武達訳（二〇〇九［〇三］）『メディア・アカウンタビリティと公表行為の自由』論創社
寺田寅彦（二〇一一）『天災と国防』（学術文庫）講談社
福山哲郎（二〇一二）『原発危機　官邸からの証言』（ちくま新書）筑摩書房
米国プレスの自由調査委員会著、渡辺武達訳（二〇〇八［一九四七］）『自由で責任あるメディア――マスメディア（新聞・ラジオ・映画・雑誌・書籍）に関する一般報告書』論創社
毎日放送報道局（一九九五）『阪神大震災　MBS報道の記録』毎日放送
松野元（二〇〇七）『原子力防災　原子力リスクすべてと正しく向き合うために』創英社／三省堂書店
吉村昭（一九七〇）『海の壁――三陸沿岸大津波』中央公論社（二〇〇四年に「三陸海岸大津波」と改題して文春文庫版で発行）
渡辺武達（一九九五）「テレビCMの政治性 ―〈原発バイバイ〉放映中止をめぐって」『メディア・トリックの社会学』世界思想社
渡辺武達「メディアの倫理と社会的責任」渡辺武達、松井茂記編（二〇〇四）『メディアの法理と社会的責任』ミネルヴァ書房
柳田邦男（二〇一一）『「想定外」の罠 大震災と原発』文藝春秋

【参考映像】

渡辺武達監修（一九九七）『地震・災害対策と危機管理システムの実際―ノースリッジ（米国）大地震に学ぶ災害に強い組織づくり―』（ビデオ全2巻）日本経済新聞社

---

i 震災直後のこれら二社の活動と被災者からの信頼については、テレビでも取り上げられ、前者が二〇一二年三月四日にテレビ東京系列、後者が三月六日に日本テレビ系列でドキュドラマ（事実を基本にしたドラマ作品）および一一日のＴＢＳ系「情熱大陸」で放映された。

ii 七沢潔「原子力五〇年・テレビは何を伝えてきたか」（二〇〇八）『放送研究と調査　ＮＨＫ放送文化研究所　年報二〇〇八』日本放送出版協会

iii 「避難所における新聞・メディア」『新聞研究』二〇一一年七月号など。またこれらの地域紙の震災直後の奮闘については伊丹和弘によるルポ「東日本大震災と戦う地域紙　逆境の地に密着する新聞の使命」『Journalism』二〇一一年八月号、朝日新聞社、を参照。

＊本章初出は日本自治体危機管理学会機関誌『自治体危機管理研究』九号、二〇一二年三月三一日刊。

特別収録：〔対談〕ピーター・アーネット vs. 渡辺武達

戦場ジャーナリストの役割

P・アーネット略歴：一九三四年、ニュージーランド生まれ。地元新聞記者の経験後、AP通信特派員としてベトナム戦争などを、CNN特派員としてラテンアメリカ、中東、中央アジア、アフリカの武力紛争を幅広く取材し、人生の大半を戦場で過ごしてきた。六六年ベトナム報道でピューリッツァー賞（国際報道部門）を受賞。九一年 湾岸戦争に際しては、サダム・フセイン、イラク大統領へのインタビュー、九七年には西欧人記者として初めてオサマ・ビン・ラディンへのインタビューに成功。〇三年のイラク戦争勃発時、『ナショナル・ジオグラフィック』誌の記者としてバグダッドにいたアーネット氏は米軍の攻撃を携帯衛星通信回線機器を使って西側記者としてただ一人報じ続けた。著書に『戦争特派員　CNN名物記者の自伝』（沼沢洽治訳、新潮社、一九九五年）など。〇六年から中国の大学でジャーナリズム・コミュニケーション学教授。〇九年、同志社大学アメリカ研究所の招待で来日。本対談はそのときのものである。

渡辺：　アーネットさんは二〇〇三年の米軍によるイラク攻撃時にバグダッドで、空爆直下の現地から簡易衛星放送機器を駆使して世界中に実況報道されました。また、オサマ・ビンラディン氏にも西側記者として初めてインタビューされています。私はジャーナリストの

Ｐ・アーネット（左）と筆者、2009年12月3日　京都・錦市場ＣＡＦＥにて

米軍憲兵にピストルで取材妨害されるアーネット氏（右）

資質の一つは多くの人が知らない社会的事象を報道し、記録することだと思いますが、アーネットさんの場合、なぜそこまで戦争報道にこだわりがあるのですか？

アーネット：　ニュージーランドで新聞記者になったとき、のどかに見える地域にも問題があり、それが世界の動きに連動し、「だれかが苦しんでいる時、だれかがにんまりしている」という社会構造があることを知りました。戦争・紛争の背景には「死の商人」（武器製造・売買業者）とその利益代弁者としての政治家がいることが許せなくなったのです。対イラク戦争を推し進めたブッシュ政権のチェイニー副大統領もラムズフェルド国防長官も米軍への入隊資格条件を満たしているのに実際の兵役から逃げ回り、政治家として軍産複合体に奉仕しました。おまけに自分たちが作り上げたイラク政府には民主社会の建設能力がなく、汚職が横行していること、しかもそのほうが米国の若者の生命と税金を使うために好都合になっている事実が彼らとその背後にいる者たちの妨害で報道されないばかりか、真実を報道しようとするジャーナリストをブッシュ政権は「取材能力がない……」などと侮辱しました。

私たちジャーナリストには少なくとも紛争の現場がどうなっているかを人びとに伝える責任があります。事実を隠蔽する権力者たちを許さないという覚悟がジャーナリストには求められています。彼らがなぜ真実を伝えようとするジャーナリストを嫌うかといえば、「真実」が明らかにされることによって、政治と経済がつるんで金儲けをしていることが明らかになり、その真実が戦争によって利益をあげている者たちの政治的未来を危うくするからです。

六〇年代のベトナム戦争取材で米国だけではなく、その前の英国やフランスの植民地主義がインドシナで利権維持のためにどれだけむごいことをしたのかを知りましたし、デーヴィド・ハルバースタムなどの優秀で人間としても信頼できるジャーナリストと知り合い、大きなものが小さなものを飲み込む仕組みの最前線としての戦場がその後の私の活動と人生学習の場となりました。

渡辺：　私も九一年にハルバースタムと四日間いっしょに日本で過ごし、その後、米ハーバード大学のジャーナリズム関連会議などで何回か出会って議論しました。彼は傑出したジャーナリストであると同時に、グローバル化社会を縦にも読み解ける人で、自らを「ヒストリアン」（歴史家）と呼んでいました。印象に残っている言葉は「歴史は連続しており、二〇世紀をよく生きたものだけが、二一世紀もちゃんと生きられる……〇一年のニューヨークの同時多発テロ事件も突然起きたわけではない。米国はテロ事件を起こしたイスラム過激派を援助して、アフガンでロシアの侵攻に対抗させ、ロケット弾の供与や資金援助、軍事訓練まででしていた。その中にビンラディンがいたのです……」。実際、主流メディアの多くは同時多発テロのビル倒壊映像を繰り返し流すだけで、肝心のその部分に至る過程をほとんど報道していませんから、イラクのフセインとビンラディンの悪玉、アメリカのブッシュ善玉イメージが日本でも行き渡っています。

アーネット：　今の企業メディアの多くは大きくなればなるほど政府と「親密」な関係になり、プレスとしての独立性が弱い。また戦争取材で記者に犠牲者が出ることを極端に恐れ、会社員記者の多くもそうした危険な場所に近づきたがらない傾向があります。その結果、市民との連帯も仲間同士の信頼感も保ちにくい状態になっています。私がベトナムで米軍憲兵に取材を止めるように銃で脅されたとき、ハルバースタムは身を挺して私を守ってくれました。個人の正義感と勇気をどこまで同僚と共有できるかも戦場ジャーナリストとしてはもちろん、社会のあらゆる場面での革新に必要かつ重要な要件です。

渡辺：　たしかに日米だけではなく、世界中どこでも、現在のニュース価値は第一に、何がいちばん大事なのかではなく、何がいちばんオーディエンス（視聴者・読者）にショックをあたえ、関心を引けるか、第二は、政治や経済の強者の意向としてメディア企業に反映される隠れた検閲者（政府や広告主）の逆鱗にふれないものは何かさぐることで、それらに気遣いする報道関係者（経営者や記者）が増えています。そうした風潮と傾向は無意識のうちに学者の研究にも強くなっていて、若手のメディア、ジャーナリズムの研究者には現状肯定的な視点から細かい歴史の断面だけをなぞり、目の前にある問題をひとつひとつ明らかにして解決していくために歴史を参考にするという姿勢が弱くなっています。戦争報道についても、戦争を防ぐ、紛争を沈静化する方法を考える素材を社会の「共有知」「公共知」とするために報道するのではなく、爆撃などの派手なシーンがオーディエンスの関心を引きつけ、受け入れられ、企業利益につながるということでトップになり、それが五輪報道と同じようにゲーム感覚でナショナリズムを煽っています。

つまり、ニュースの価値基準は①情報提供者（ニュースソース・メディア企業）にとって②権力者（政治・経済的エリート）にとって③広告主／広告業者にとって……という三つのレベルだけになり、市民の政治参加と社会判断にとって大切なものとは何かという観点からの選択が重要視されず、巨大宣伝システムとして社会的強者を後押ししています。

アーネット：　残念ながら強者専横の米国型自由市場主義ではとくにそうですね。報道でも映画でもメディアの中の戦争には激しい戦闘シーンと近代兵器、勇敢な兵士と美女とのラブロマンスしか出てこないので、多くの人はそれをゲームやエンターテインメント感覚で「楽しまされて」います。しかし、実際の戦場では爆弾の下でふつうの人たちの暮らしが破壊され、そのふつうの人たちが戦場を背後から支えることを強制され、メディアがそうした事実を隠すために動員されているという仕組みがあります。私は戦場ジャーナリストといわれてきましたが、気持ちとしてはまず、国家や兵器産業が発表する実際にはあり得ない「平和のための戦争」のまやかしをみんなに知らせること、たとえそのことに危険が伴っても、それをすることがジャーナリスト、ヒストリアン、責任ある社会人としての自分の仕事であると覚悟しています。

渡辺：　今日は私たちの共通の知人であったハルバースタムさんの追憶をふくめ、メディアとジャーナリストの社会的責任について率直に意見交換できてうれしかったです。日本のメディア関係者や学者、知識人にとっても本当に刺激的なお話をありがとうございました。

あとがき

本書は筆者が三〇年来提唱してきたメディアの「積極的公正中立主義」の基本枠組とその具体的な応用編を中心にして編んだもので、前著『メディアへの希望』（論創社、二〇一二年）の続編として、「メディア活動の積極的公正中立主義」の理論と実践を具体的に述べている。

筆者は産経新聞社の発行するフルカラーのタブロイド版日刊紙『サンケイＥＸ』（ＳＡＮＫＥＩ ＥＸＰＲＥＳＳ）に二〇〇七年九月から、「メディアと社会」と題した評論を隔週に寄稿してきたが、本書の第Ⅰ部と第Ⅱ部には二〇一二年三月からの掲載分のうち約四〇本を収録した。明白な誤記の訂正を除き、内容は初出時のものを基本にしている。

同紙連載にあたっての拙稿の編集・校正等では歴代のＥＸ編集担当者の平田篤州様、鶴谷和章様、村山雅弥様、内藤泰朗様、小塩史人様にひとかたならぬお世話になった。とくに、本書収録分については題材の選択などで小塩様にお知恵をお借りすることが多く、ここに記して感謝したい。

また特別収録した関連文書についても関係者（社）の快い収録許可をいただいたことに感謝する。

書名については現在のメディアのもつ構造的かつ深刻な諸問題から批判的表現も考えたが、社会の透明性と民主制の向上には市民の側からの積極的なメディア理解とその利用が必要だとの立場から、『メディアリテラシーとデモクラシー　積極的公正中立主義の時代』とした。社会改革には制度だけではなく、人間自体が変わっていく必要がある。世の中のすべてのことは制度とその中の個々の人間の考え方と力量によって変化し、良質な「共有知」と「公共知」はメディア活動によって広がるからである。その思想的基盤は一九八七年に出した拙著『市民社会のパラダイム情報変革のために』（市民文化社）にあり、我ながら遅々とした歩みだと思う。

収録原稿の編集、校正作業では同志社大学社会学部メディア学科三回生、山近侑子さんに文章チェックだけではなく、とっつきにくい素材を学生や一般の方にも読みやすくなる工夫をしてもらった。また題材の選定と本書収録分の編集については同志社大学嘱託講師・俣野裕美、大学院メディア学専攻博士後期課程院生・丁偉偉の両氏にお世話になった。

出版については今回も、論創社の森下紀夫社長と森下雄二郎氏に一方ならぬお世話になった。

ここに記して深甚なる感謝をしたい。

戦場ジャーナリスト、ピーター・アーネット氏との歓談を想い出しながら……。

二〇一四年五月三日　同志社大学渓水館研究室にて

渡辺武達

渡辺 武達（わたなべ・たけさと）
1944年、愛知県生まれ。現在、同志社大学社会学部教授、同大メディア・コミュニケーション研究センター代表（2003-7）、ハーバード大学客員研究員（2001年）、関西テレビ番組審議会委員（1996-2010）。著訳書：『ジャパリッシュのすすめ（朝日新聞社、1983年）、『テレビー「やらせ」と「情報操作」』（三省堂、1995年）、『メディア・トリックの社会学』（世界思想社、1995年）、『メディアと情報は誰のものか』（潮出版社、2000年）、"A Public Betrayed"（『裏切られた大衆』(2004年、米国Regnery刊、A. Gambleと共著）、『メディアと権力』（論創社、2007年）、『自由で責任あるメディア』（論創社、2008年）、『メディア・アカウンタビリティと公表行為の自由』（論創社、2009年）、『メディアへの希望』（論創社、2012年）、共同企画・編書に『叢書　現代のメディアとジャーナリズム』全8巻（ミネルヴァ書房、2003～09年）など。1980年代からテレビ制作に関わり、ファミリークイズやドキュメンタリー番組を作る。現在はCCTV（中国中央テレビ）などにも出演。専門はメディア政治経済学、メディアリテラシー論。

メディアリテラシーとデモクラシー
――積極的公正中立主義の時代

2014年6月20日　初版第1刷印刷
2014年6月25日　初版第1刷発行

著　者　渡辺武達
発行者　森下紀夫
発行所　論 創 社
東京都千代田区神田神保町2-23　北井ビル
tel. 03（3264）5254　fax. 03（3264）5232　web. http://www.ronso.co.jp/
振替口座　00160-1-155266
装幀／宗利淳一＋田中奈緒子
印刷・製本／中央精版印刷　組版／フレックスアート
ISBN978-4-8460-1328-8